中国名村志文化工程
Culture Project of Local Records of China's Famous Villages

仁里村志

LOCAL RECORDS OF RENLI

安徽省绩溪县瀛洲镇仁里村志编纂委员会 编

方志出版社
Publishing House of Local Records

图书在版编目（CIP）数据

仁里村志 / 安徽省绩溪县瀛洲镇仁里村志编纂委员会编. -- 北京：方志出版社，2017.12
（中国名村志丛书）
ISBN 978-7-5144-2826-1

Ⅰ. ①仁… Ⅱ. ①安… Ⅲ. ①村史—绩溪县
Ⅳ. ① K295.45

中国版本图书馆 CIP 数据核字（2017）第 313603 号

· 中国名村志丛书 ·

仁里村志

编　　者：安徽省绩溪县瀛洲镇仁里村志编纂委员会
责任编辑：宁　芳

出 版 人：冀祥德
出 版 者：方志出版社
地址　北京市朝阳区潘家园东里 9 号（国家方志馆 4 层）
邮编　100021
网址　http://www.fzph.org
发　　行：方志出版社图书经销中心
电话　（010）67110500
经　　销：各地新华书店
排　　版：北京纺印图文设计制作有限公司
印　　刷：北京中科印刷有限公司

开　　本：787 × 1092　1/16
印　　张：15
字　　数：270 千字
版　　次：2017 年 12 月第 1 版　2017 年 12 月第 1 次印刷

ISBN 978-7-5144-2826-1　　**定价**：120.00 元

◉ 序一

连绵不断地编修地方志是中国独有的优秀文化传统，承担着赓续文明、传承文化的重任。保存至今的 8000 余种、10 万余卷历代方志，蕴含着传统文化基因和海量文化信息，既是中华优秀传统文化的重要组成部分，又是传承、彰显中华优秀传统文化的重要载体。

在各种类型的地方志编纂中，村志编纂古已有之，但从未进入国家层面的地方志编纂序列。新中国成立以来，党中央、国务院高度重视包括村志编纂在内的地方志工作，出台了重要文件。中央领导发表了重要讲话、作出了重要批示。习近平总书记高度重视包括村志编纂在内的地方志工作。2004 年 10 月，他在担任浙江省委书记时到江山市凤林镇白沙村考察，看到村民编纂的《白沙村志》，鼓励村民把村志继续编纂下去。2014 年 4 月，刘延东副总理在与第五次全国地方志工作会议部分会议代表座谈时指出："要结合发展的新形势，加强对地方志包括部门志、行业志、专题志、乡镇村志编纂的业务指导和服务。"2015 年 8 月，国务院办公厅印发的《全国地方志事业发展规划纲要（2015—2020 年）》，正式将中国名村志文化工程列为主要任务之一。2017 年 5 月，中共中央办公厅、国务院办公厅印发的《国家"十三五"时期文化发展改革规划纲要》指出："完成省、市、县三级地方志书出版工作。开展旧志整理和部分有条件的镇志、村志编纂。"可以说，村志编纂迎来了历史上的最好时期。

农业、农村、农民"三农"问题，是数千年来影响中国社会发展最核心的问题。中共中央高度重视"三农"工作，从 2004 年起，连续 13 年，每年的中央 1 号文件都聚焦"三农"。中共十九大报告更是提出"农业农村农民问题是关系国计民生的根本性问题，必须始终把解决好'三农'问题作为全党工作重中之重"，特别是提出了"乡村振兴战略"，这是中国共产党在中国特色社会主义进入新时代后，对农村发展问题所做出的准确把握和与时俱进的战略应对，是建设中国特色社会主义强国战略的重要组成部分。改革开放近40年来，在党中央、国务院高度重视社会主义新农村建设的新形势下，各地涌现出一大批历史文化名村、经济强村、新农村建设示范（试点）村、美丽乡村和特色村，成为先进生产力和先进文化的代表。客观记录中国农村全面建成小康社会的进程，向后人展示在中国共产党领导下农村千年未有的巨变，是地方志工作者肩负的光荣而重大的历史使命。编纂中国名村志丛书，是记载当代中国农村发展变革的重要途径。

文化寻根，寻的是其发展的源头和根基。村落是中国传统文化的根基所在。农村的生产生活方式、社会规范、宗族文化、宗教文化、民风习俗、传统节日、民间艺术等，无不镌刻着中国人独特的民族性格，这就是家国情怀、文脉绵延、精神归属。在快速城镇化进程的冲击和开发性破坏下，大量传统村落面临消亡的危机，村落蕴含的历史文化信息也流失殆尽，抢救性保护刻不容缓。编纂中国名村志丛书，是保存村落历史文化信息，抢救、保护村落文化最好的方式。

一方水土养一方人。家乡的山水草木、村间小巷、乡俗民情会在每个人心头留下深刻的烙印，这就是故土情结。而村落的形成与发展离不开人的活动。编纂中国名村志丛书，通过记述村落建筑、名门望族来追溯村落的历史；通过记述村落规模、布局、人口、物产等反映人口来源、宗族兴衰、生活习惯、文化背景、宗教信仰、经济发展等，体现环境与人相互影响、相互作用、相互发展的既矛盾又统一的关系；通过记述戏剧、音乐、舞蹈、美术、文学、手工技艺等文化形式，展示百姓在长期的生产生活实践中摸索和总结出的智慧结晶，强化人们沟通感情的纽带。编纂中国名村志丛书，是传承乡俗、诉说乡音、记住乡愁、纾解乡思，激活历史传统、唤起共同文化记忆、塑造共同心灵认同的重要文化工程。

中国名村志文化工程以践行文化自信、传承中华文脉、彰显时代发展为己任，以打造全国地方志系统的重要品牌为目标，在体裁运用、篇目设置、资料选择等方面进行大量的创新，突出“名”和“特”，拣选各个名村中最值得记述、最具有代表性的人、事、物，予以浓墨重彩的描画，从而形成系列的、高质量的、可读性强、雅俗共赏的地方志读本，让地方志紧接地气、贴近百姓，让地方志成果进入寻常百姓家，让人民群众共享地方志成果，让越来越多的人从地方志中感知传统、历史和记忆，成为传统村落和传统文化的守护者，成为中华优秀文化的传承者。

是为序。

中国社会科学院院长
中国地方志指导小组组长　王伟光

2017年11月

◉ 序二

习近平总书记指出："让居民望得见山，看得见水，记得住乡愁。"这句富有诗意的重要论述不仅唤醒了中国人城镇化建设过程中对于人和自然关系、人和历史关系的思考，同时也引发了学界对"乡愁"进一步进行文化意义解读的兴趣。从本质上看，乡愁是一种源自主体体验的情感，隐含了一种人们带着乡愁追寻自我生存与生命意义、追寻诗意栖居的精神家园的美学思辨。同时，这种追寻自我生存的主体逐渐转向大众群体，乡愁也由传统单一的"文化乡愁""爱国情怀"演变为对于"理想家园"的精神追求。

中国有近 60 万个村庄，约有 5000 个古村落，被住房城乡建设部和国家文物局界定的传统村落就有 1561 个。随着中国城镇化步伐的加快，乡村的版图日渐凋敝，大批农村青壮年劳动力走进城镇，融入了新的生活。然而，每逢传统佳节，那种挥之不去的离愁别绪挟裹着亿万农民工，又融入了返乡的滚滚洪流。这是乡愁的情愫牵动着他们，是故乡的山、故乡的水、故乡的老屋、故乡的小吃在牵动着他们，是故乡家家户户的楹联和口口相传的故事，以及只有在隆重的传统佳节才有的古老的民风习俗在牵动着他们。

文化可以体现一个民族、一个国家、一个社会的重量与体温，这是文化的力量之所在，而村落是传统中国的根脉所系，乡土社会是最能够体现中国传统文化特征的地方。梁漱溟曾指出："中国文化是以乡村为本，以乡村为重，所以中国文化的根就是乡村。"我曾在《建设社会主义新农村的理论与实践》一书中指出，在新农村建设的过程中，必须"保护和发展有地方和民族特色的优秀传统文化，创新农村文化生活的载体和手段，满足农民群众多层次、多方面的精神文化需求"，而编纂村志尤其是实施中国名村志文化工程就是一个重要举措。实施中国名村志文化工程，编纂中国名村志丛书，以最基层的村落为研究对象，寻根传统村落的历史，梳理村落的发展脉络，以唤起人们的归属感和认同感，探索新型城镇化和社会主义新农村建设过程中，如何留住乡音、乡风、乡思，继承传统文化精华，挖掘丰富历史智慧，是贯彻落实中央城镇化工作会议精神和中共十九大提出的“乡村振兴战略”的重要举措，是当前和今后一个时期全国地方志工作者的重要工作。

虽然村落文化正在日益远离当下生活，但我们可以抓住诸如基本村情、文物胜迹、古村保护、特色文化、旅游名胜、村域经济、风土民情、村民生活、新农村建设、艺文杂记、名人与名村等关键内容，通过志书的手法来诠释乡村文化的精华。我们如实记录着村落里的人和事，以及青山绿水、小河大树、袅袅炊烟，力争以最完整、最原真的方式呈现村落的前世今生。我们要为“迷失”的人留住乡村文化的根脉，让人们难以割舍的乡愁得以慰藉和释放。

中国名村志文化工程将触角伸向那些极具代表性的村落，它们有的历史悠久、名人辈出，有的经济腾飞、重获新生，有的风景秀丽、景观独特，有的地处边陲、神秘莫测……我们挖掘中国不同类型村落的发展之路，为探索新型城镇化和社会主义新农村建设的发展经验、发展模式、前进道路提供历史智慧和现实借鉴。因此，打造以重在表现乡村嬗变为主旨的中国名村志丛书十分必要和迫切，这是一项功在当代、利在千秋的文化工程。

近年来，随着中国经济社会的发展和国际地位的提高，越来越多的人想要认识中国、了解中国、研究中国。在这样的形势下，乡村是不可或缺的一环，我们要集中讲好发生在乡村的故事，向世界呈现一个多元的、立体的中国。乡村历经岁月变迁的风雨，见证着改革开放的步伐，寄托着数代中国人的情感。发生在乡村的故事无疑是血肉丰满的、震撼人心的、引起共鸣的。我们应该有这个自信能够讲好乡村故事，讲好中国故事，描绘出中国的底色，“让每一个中国人都能在地方志中找到自己的位置”。

可喜的是，越来越多的有识之士认识到了这一点，加入到保护、传承、发展村落文化的队伍中来。仅就编纂中国名村志丛书来看，第一批的申报范围就涵盖包括香港特别行政区在内的 32 个地区，申报数量高达 70 余部。“直笔著信史，彰善引风气，为当代提供资政辅治之参考，为后世留下堪存堪鉴之记述”，这是我们的初心和使命。希望中国名村志文化工程的实施，能够带动更多的人关注中国乡村文化，为社会主义文化强国建设作出更大的贡献。也希望越来越多的名村都来融入继承中华文化传统、颂扬中华传统文化的活动中，让正能量更多地润泽温暖人们的心灵，让更多的人“记得住乡愁”！

是为序。

中国社会科学院副院长
中国地方志指导小组常务副组长 李培林
2017 年 11 月

◉ 中国名村志文化工程专家委员会

◉ 中国名村志文化工程学术委员会

◉ 安徽省绩溪县瀛洲镇仁里村志编纂委员会

顾　　问　刘成典　黄　敏　葛建荣

总 策 划　黄德泉

策　　划　蔡长雁　柯宁宁　章汉林

名誉主任　汪　未　汪　锋　胡明利　程英杰

主　　任　冯瑞虹　章汉林

副 主 任　高建义　洪　雷　程文胜

成　　员　耿培炳　唐延军　程福如　程扶景　程加明　周胜利　胡连琴　胡美生
　　　　　程树钧　程观信　程干成　程树农　宋永前　洪万智　朱保朝

编　　审　胡卫星　史五一　章慧丽

◉ 安徽省绩溪县瀛洲镇仁里村志编纂组

主　　编　耿培炳

编　　纂　耿培炳　程福如　唐延军　程干成

校　　对　汪无奇

摄　　影　章恒全等

图片编辑　章汉林　耿培炳　程加明　程扶雪

提供资料　程干展　程加明　洪　雷　程祥有　程扶明　程树农　周胜利　程扶景
　　　　　程树钧　胡美生　程源峰　程观信　王恒石　张士茂　程国祯　程汪庭
　　　　　方志耕　殷亚利

资料编研　绩溪县档案馆

葫芦潭

◉ 中国名村志丛书凡例

一、以马克思列宁主义、毛泽东思想、邓小平理论、“三个代表”重要思想、科学发展观、习近平新时代中国特色社会主义思想为指导，坚持辩证唯物主义和历史唯物主义的立场、观点和方法，存真求实，全面、客观、系统记述我国村落发展变化进程和改革开放成果，传承和抢救乡土历史文化，激发爱国爱乡情怀，为探索中国特色新型城镇化建设、社会主义新农村建设的发展经验、发展模式、前进道路提供历史智慧和现实借鉴。

二、为全面反映入志事物发展脉络，各志上限尽量追溯至事物发端；下限一般断至各村志启动编修年份，个别重大事项可延至搁笔。

三、记述地域范围以下限年份的行政辖区为主。为体现名村在更大区域内的意义，可以从更开阔的区域视野记述与该村相关的内容。

四、统一采用纲目体，设类目、分目、条目三个层次。横排门类，纵述史实。除《中国名村志丛书基本篇目》要求的必设类目外，其余类目根据各村实际，依照突出时代特色、地方特色的原则自行安排。

五、综合运用述、记、志、传、图、表、录等各种体裁，以志体为主。

六、除引用文字和附录文献资料外，统一使用规范汉字及现代语体文记述体。记事坚持秉笔直书、述而不作，只记事实，不作评论，寓观点于材料之中。行文力求朴实、严谨、简洁、流畅、优美，具有较强可读性。

七、人物部类遵循“生不立传”原则，人物传主按生年排序，只选录对本村发展有重大影响的人物，不面面俱到。

八、所需数据一般采用政府统计部门数据，无政府统计部门数据时选用主管部门正式提供的数据。

九、数字用法、标点符号、计量单位分别执行国家标准《出版物上数字用法》（GB/T15835—2011）、《标点符号用法》（GB/T15834—2011）、《国际单位制及其应用》（GB3100—1993）和《有关量、单位、符号的一般原则》（GB3101—1993）。历史上使用的计量单位，如斗、石、里、尺、磅、华氏度等，在引文时可照录。考虑到社会使用习惯，全书中亩不统一换算，1 公顷＝ 15 亩。

十、自中华民国成立后的纪年，均使用公元纪年。志中所称“解放前（后）”，以当地解放日为界；“新中国成立前（后）”，以中华人民共和国成立日 1949 年 10 月 1 日为界；“改革开放前（后）”，以中共十一届三中全会召开的 1978 年 12 月为界。本志“××年代”，凡未加世纪者，均指 20 世纪的年代。

十一、为节省篇幅，避免重复，本志采用条目互见法。参见条目的表示形式为：参见本志“××类目·××分目·××条目”。

十二、对旧志、古籍中的繁体字、冷僻字一般用简化字或通用字替换，易引起误解的则保留。

十三、记述各个历史时期的党派、机构、职务、地名等，均以当时的名称为准。对频繁使用的名称，首次用全称，其后用简称。

十四、各村志需要单独说明的事项，均在各自编纂始末中记述。

仁里村在中国的位置

黑龙江省
哈尔滨
吉林省
长春
辽宁省
沈阳
内蒙古自治区
呼和浩特
北京
北京市
天津市
天津
河北省
石家庄
山西省
太原
新疆维吾尔自治区
乌鲁木齐
甘肃省
宁夏回族自治区
银川
青海省
西宁
兰州
陕西省
西安
山东省
济南
河南省
郑州
江苏省
南京
上海
上海市
安徽省
合肥
绩溪
仁里村
浙江省
杭州
湖北省
武汉
重庆市
重庆
四川省
成都
西藏自治区
拉萨
江西省
南昌
湖南省
长沙
福建省
福州
贵州省
贵阳
云南省
昆明
广西壮族自治区
南宁
广东省
广州
香港
澳门
海南省
海口
海南岛
台湾省
台北
台湾岛
钓鱼岛
赤尾屿
东沙群岛
西沙群岛
永兴岛
中沙群岛
黄岩岛
南沙群岛
曾母暗沙
渤海
黄海
东海
南海
黄河
长江
图例
北京 首都
天津 省级行政中心
未定 国界
省、自治区、直辖市界
特别行政区界
名村所在县级区域
名村
1：32 000 000
审图号：GS（2017）3697号

仁里村在安徽省的位置

1：3 060 000

审图号：GS（2017）3697 号

仁里村平面示意图

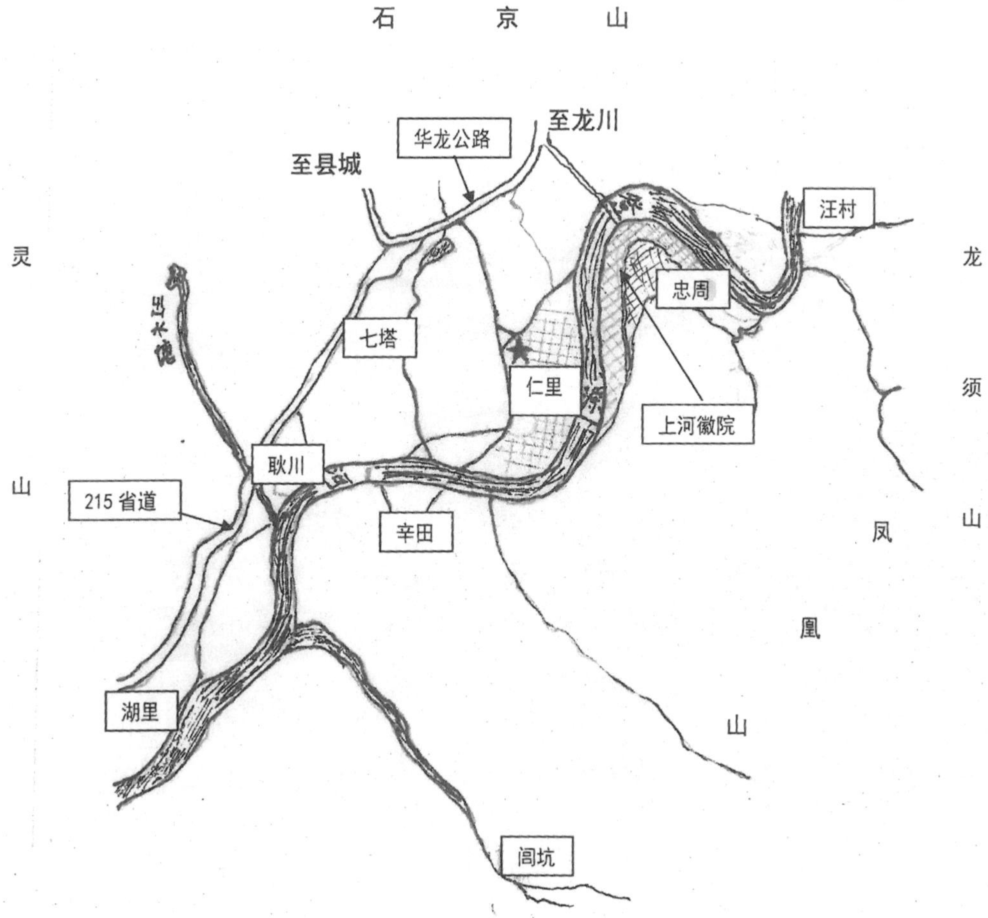

春之仁里

夏之仁里

58%

秋之仁里

冬之仁里

中国传统村落
住房和城乡建设部 文化部 财政部联合颁发
二〇一三年九月
中国特色村
安徽省绩溪县仁里村
中国村社发展促进会特色村工作委员会
二〇一二年九月八日
中国最美休闲乡村
安徽绩溪县仁里村
中华人民共和国农业部
二〇一四年十月
中国最美休闲乡村
绩溪仁里
中国传统村落
绩溪仁里
中国特色村
绩溪仁里

仁里名片

目录

“里仁为美”话仁里

仁里，是一个人口不足2000人的皖南小山村，却拥有众多耀眼的光环：中国特色村、中国传统古村落、中国最美休闲乡村、全国美丽乡村示范村……

梁朝工部尚书定居于此并取村名为“仁里”。仁里，仁者所居之里。《论语·里仁》曰：“里仁为美。”郑玄曰：“里者，民之所居，居于仁者之里，是为美。”北宋文学家苏辙曾经到此游览赋诗。清代文学家沈复亲见仁里花朝会，写下《浮生六记》之《浪游记快》。让我们走进这秀美的村庄，领略其迷人风采。

四面群山抱，烟村若隐藏。龙屏蕴瑞气，登水映朝阳。
富阳木桥挂，鱼虾潭底翔。仁里多胜地，人杰创辉煌。

仁里村位于安徽省绩溪县东南部，地处黄山山脉和西天目山山脉结合带，北纬 29°57′ ~ 30° 20′，东经 118° 20′ ~ 118° 55′，海拔 171 米，村境总面积 11.27 平方千米。新安江源流之一的登源河伴村而过。仁里东与同属瀛

仁里远眺

洲镇的大庙汪村毗连，南与歙县南乡[1] 交界，西与临溪镇湖里村（胡雪岩故里）接壤，北与华阳镇川源村相邻。辖 6 个独立自然村，忠周、七塔、耿川、辛田、闾坑 5 个村环仁里而居，与仁里相距不足 1.5 千米。8 个村民组，总户数 496 户，户籍总人口 1600 人左右。全为汉族，30 个姓氏，其中，程姓人口居多，占总人口数的 65%。仁里村为国家 AAA 级景区。

一

仁里，历史悠久。早在新石器时代，先民们就在此生息繁衍，开始狩猎、采摘与农耕生活。南北朝南朝梁大同五年（539），工部尚书耿源进与弟耿汝进从淮阴桃源迁居于此，取村名为“仁里”。北宋太平兴国元年（976），绩溪县定乡里名，仁里属维新上乡管辖。元、明、清时期，仁里划为十一都，先后属维新上乡、新荣乡管辖。民国属登源乡，为乡公所驻地。新中国成立后，曾设仁里乡，也曾划属华阳镇、瀛洲公社（瀛洲乡），现为瀛洲镇第一大村。

仁里建村始祖——耿源进

唐朝时，歙县篁墩“忠壮公”程灵洗的十八世孙程药带其家族于唐光化三年（900）到此定居。忠壮公二十七世孙程宏祖、程瞻祖、程辛祖兄弟三人于南宋咸淳六年（1270）从歙县槐塘迁仁里定居。中原世家大族不仅带来劳动力，而且带来先进的生产工具与技术、先进的中原文化教育，他们恪守“仁爱为本”的信念，相互融合，和谐治村，加快了仁里的发展步伐。此后，仁里人文蔚起，程氏家族人丁兴旺，故仁里又名“程里”。

宋代，仁里先民大量烧制陶瓷并制墨，栽桑，养蚕，缫丝，织绸，迈开外向型商贸经济的艰难步履。北宋绍圣二年（1095），编修了《程叙伦堂世谱》（即宋都官谱）并筹办书院。

明代，仁里兴水利，丈田亩，编黄册，建预备仓之东仓，重振科举，社会经济、文化教育迎来振兴与发展。清代，仁里因八社花朝会及沈复所作《浮生六记》之《浪游记快》而声名鹊起。

---

① 南乡：歙县南部乡镇的统称。

村境四面环山，人均水田不足 1 亩。为谋生路，仁里村先人选择了“十三四岁，往外一丢”和“世治则谋食四方，世乱则退居故里”的徽商之路，以“绩溪牛”“徽骆驼”的任劳任怨、艰苦奋斗精神，不断向外埠拓展，累世不衰，足迹遍布大江南北。古通州（今南通）是江南著名水陆码头，仁里程氏家族就在通州经营当铺，大小当铺有三四十家。还有村人在芜湖、南京、杭州、上海、武汉、金华、余杭、兰溪、吴江、玉山等地经商，创办徽菜馆，开办首家中外合资企业——绩溪和阳金矿，参与创建芜湖明远电灯公司，开办大仁丝厂。村人经商致富后，有的斥资办学，有的修桥铺路，有的建祠修谱，有的办庙会等，使仁里深厚的历史文化得以传承并发扬光大。

二

仁里，山环水绕之地。徽州人崇尚自然，村落选址注重与周边环境的关系，遇山川平衍，背枕青山，面水向阳处定居，营造田畴道路。仁里先人选址遵循这一守则，但又独具匠心，中心村落布局新颖奇特，四门三街十八巷、水井、水圳、水碓排布自然而巧妙。仁里古村内胜景遍布，古迹众多，有明清古民居数十幢；以砖雕、木雕、石雕著称的两大宗祠（叙伦堂、世忠祠）和支祠敬爱堂以及百步钦街、药公墓道坊、世肖坊、石泉书院旧址、古码头、桃花坝等保存完好；“仁里八景”以秀美的山水地理、浓郁的人文情怀，充分体现出人与自然的高度和谐统一。仁里古村落为国内建筑学家和徽学研究者所称道。

仁里先民兴木种竹，栽桑种麻，育养动植物；开渠筑坝，垦荒造田，围塘种粮，改善自然条件。仁里人世代辛勤耕作，赢得今天山清水秀、林茂粮丰、自然生态平衡的美丽家园。

三

仁里，重教厚文之地。仁里先民聚族而居，保留着特有的习俗，是中华传统文化的厚重遗存地、徽文化的重要发祥地之一。仁里自然村现仍有砖木石结构祠堂 3 幢。各族有谱牒，记载着家族先贤名宦、悠悠人文，留下历代先人营建和谐社会的理念与实践经验。村中的各种古建，家藏的各种契约文书与日用杂件，无不彰显徽文化遗存的厚重。

春满村门　　丁晓文　摄

绩溪号称“东南邹鲁”之地，“邑小士多，绩溪为最”，“十户之村，不废诵读”。仁里村在五代后唐清泰年间（934—936）创办南窗书舍，是安徽省见诸记载最早的书舍。北宋元丰年间（1078—1085），“唐宋八大家”之一的苏辙任绩溪知县时，在他的倡导和影响下，仁里文风蔚起，书院大兴。元至元十六年（1279）办翚阳书院。明代建石泉书院和南岗书院等。清光绪年间（1875—1908），村人首建思诚学堂，后又建端本女学，开徽州新学教育之先河。

◉ 四

仁里，名人辈出。南北朝南朝梁工部尚书耿源进为仁里村建村始祖。隋末，汪华在动乱中起兵保障六州（歙州、宣州、杭州、睦州、饶州、婺州）安宁；唐初，他审时度势，奉表归唐。汪华被徽州百姓视为徽州王，建祠盖庙奉为一方神灵。明代有程定、程辂中进士。清代有程秉钊中进士，入翰林。现代有铁道建设专家程士范，追随陶行知兴办乡村教育的普教专家程本海，著名出版家、翻译家、文学评论家王子野，中国工程院院士程莘农和“两弹一星”功勋、中国科学院院士程开甲。

五

千百年来，仁里人偏安一隅，过着与世无争的平静生活。明末和晚清的战乱及后来的血吸虫病，使仁里人饱受疾病缠身、颠沛流离、家破人亡之苦。日军侵华时期，仁里外出经商者大半回家，收入锐减，村民生活十分贫苦。

新中国成立后，在中国共产党的领导下，通过土地改革，办互助组、合作社、人民公社，农业生产得到恢复发展。其间，经历了“大跃进”“文化大革命”，农业生产呈马鞍型发展之势。中共十一届三中全会后，仁里推行家庭联产承包责任制，开始步入新的发展轨道。改革开放后，村民纷纷外出经商打工，主要分布在长江三角洲地区和广东深圳等地。

中共十六届五中全会作出了建设社会主义新农村的重大决策，仁里村被确定为新农村建设试点村。仁里在绩溪历史文化名城保护规划中，是岭南登源河古村落保护带中的主要节点之一，为重点保护的古村落。仁里在绩溪县“三区一廊”的发展战略中，位于登源河百里历史文化生态走廊中部，是极具特色的精品旅游线路，被打造成集历史文化、山水田园、民俗风情于一体的休闲旅游度假区、徽文化体验区、苏浙沪的后花园。面对千载难逢的发展机遇，村两委厘清思路，凝聚力量，找准村文化旅游优势、区位优势、产业优势、资源优势，先后对村庄进行了 3 次规划。实施村内外道路硬化、亮化工程，修缮古民居、古祠堂、古码头、桃花坝等古建筑。古仁里四门复旧如初；新建文化长廊、文化广场、停车场、农民健身休闲广场；引进五蜂园蜂产品基地、大花蕙兰基地、千亩生态枇杷园基地、千亩丰产桑园基地、亮景旅游公司、上河徽院养老中心。2015 年，仁里建成省级美好乡村中心村。2016 年，仁里村开始特色小镇建设，引进了安徽乡愁仁里文化旅游开发有限公司，美好乡村建设与文化旅游的高度融合使古村步入一个新的发展阶段。通过近十年的努力，仁里村走上了生态农家乐旅游和休闲养生的发展路子，被评为国家农科教结合致富示范村、中国特色村、中国传统村落、中国最美休闲乡村。2017 年，仁里村被评为全国美丽乡村示范村。

随着新农村建设的深入，仁里村的面貌发生了很大的变化，社会知名度也不断提升。仁里的民歌演唱《十绣鞋》等走进央视、《美好安徽》摄影行走进仁里、央视纪录片《记住乡愁（第二季）》之《仁里村——仁爱为本》的播放使仁里声名鹊起，耀眼海内外。《思诚百年》《绩溪程东屏先生书法选》《周斯松书画集》《绩溪·千年仁里》《萤光集》《九十年仁里缘》《田园里的文化乡村仁里》等的编撰出版，使千年古村落仁里像璀璨的明珠闪烁在世人面前。

全村上下正以自己勤劳的双手、艰辛的付出，在多方的全力支持下，为完成抢抓机遇、振兴仁里的崇高历史使命而努力奋斗。“里仁为美”，登源流香，如画的乡村诗意醇美，明天的仁里更辉煌。

仁里村编写的系列丛书中的《思诚百年》《绩溪程东屏先生书法选》《绩溪·千年仁里》书影

仁里雨巷

千年村落

仁里是个典型的徽州古村落，村里保留着大量的元代、明代及清代的建筑。自南北朝南朝梁大同五年(539)始建村,迄今已有1400多年历史。仁里文化积淀深厚，是古徽州名副其实的程朱阙里。历史上，仁里曾是徽商云集的水陆码头，系徽杭古道上的重镇，村内胜景遍地，古迹棋布。仁里地理位置优越，自然环境优美，依山傍水，风光旖旎，村落布局极具特色。新中国成立后,仁里发生了翻天覆地的变化,尤其是改革开放后,在中央富民政策指引下，村两委带领村民凝心聚力谋发展，一心一意奔小康，千年古村落焕发出勃勃生机。

傍水依山气自氲，祖先择址建新村。龙屏白阳两山见，登源河畔八景屯。
古风悠悠千载壮，思诚学风万年尊。千年仁里风光好，造就英才遍乾坤。

◉ 境域　建置

地理位置　仁里四面环山，东自忠周岭，西至上尖坑山，南自凤凰山，北至唐金山。仁里村域，东以登源河与汪村共水，隔河相望；西与临溪镇湖里村接壤；南以凤凰山与歙县南乡交界；北枕白阳山、唐金山，与华阳镇的川源村毗邻。仁里村辖仁里、忠周、七塔、耿川、辛田、闾坑6个自然村，总面积11.27平方千米，其中耕地2407.1亩，林地3500亩。距绩溪县城3千米，距龙川景区8千米，距黄山77千米。

历史沿革　仁里地域早在5000年前就有人烟。据《绩溪县志》(2011版）载，1972年，在仁里村南，濒登源河龟山处五六亩的区域内，出土了石器、彩陶、骨片；1982年11月，出土石斧1把。经考古专家鉴定为新石器时代遗址。

南北朝南朝梁大同五年（539），工部尚书耿源进与弟耿汝进迁居登源河畔石洞山下，并以“仁乃二人”“里仁为美”取村落名为仁里。

此后，仁里又迁进程、汪、周、王、章、高、姚、方、吴、俞、邵、

俯瞰仁里

胡、张等 30 多个姓氏。

1961 年后，仁里各村均接纳了新安江水库的移民，形成了一个多姓氏的汉族聚居区。

仁里自绩溪置县始，均属其管辖。北宋太平兴国年间（976—983）定乡里名时，仁里隶属维新上乡新安里。元代，绩溪县设都，仁里为十一都，隶属维新上乡。明代及清代前期，仁里仍是十一都，隶属新安乡。清宣统二年（1910），绩溪划 11 个自治区，仁里属第七区。1930 年，仁里隶属第四区。1933 年，编组保甲，仁里分设两保，隶属第一区。1940 年，仁里隶属登源乡，曾为乡公所驻地。新中国成立后，仁里村属一区城厢。1952 年并村划乡，属仁里乡。1956 年 12 月，属瀛洲乡。1958 年，仁里属上游人民公社瀛洲管理区。1965 年 7 月，仁里为生产大队，属瀛洲人民公社。1983 年，瀛洲人民公社改为瀛洲乡，2010 年，改为瀛洲镇，仁里村一直属其管辖。

仁里村航拍图

自然村分布

新中国成立初期，仁里行政村辖仁里、七塔、耿川、上马石 4 个自然村，后辛田、閰坑划归仁里行政村。20 世纪 80 年代后，仁里村辖仁里、耿川、七塔、辛田、三元、閰坑、忠周、古宅、大地 9 个自然村。2016 年，仁里村辖仁里、忠周、七塔、耿川、辛田、閰坑 6 个自然村。

仁里村 又称程里。位于绩溪登源河畔，仁里村民委员会、仁里小学、仁里卫生所等都设在村中。全村分 3 个村民组，以程姓为主，还有耿、余、汪、周、方、吴、俞、章、高、姚、王、邵、张、姜、洪、麻等姓氏，有 260 户、900 余人。

忠周村 原称“宗周”，意为周姓聚族而居。位于登源河畔，仁里村东，与仁里村仅一河之隔，是隶属仁里村的一个村民小组。全村有 53 户、162 人。该村有 500 多年的历史。

村中分“前街”和“屋背后”两处，一条从忠周山坞蜿蜒而下的小溪从“前街”穿过。三座拱形古石桥将村庄连成一体。村内有一幢王家老屋和两幢周家老屋，村口和村

忠周图　　周斯松　绘

边还有汪公大庙、五猖庙、周王庙、土地庙、社屋庙等古庙宇。总投资达 4.5 亿元的上河徽院和国际旅游度假养老中心在此建成。

七塔村　原名七宅，因村前有越国公汪华第七子汪爽墓，故名。“七塔”为误读。该村又名槐里村，古时建有进村门阙一处，上书“槐里”二字（1958 年拆毁），系仁里下祠堂程姓迁居者为纪念祖居地歙县槐塘而名。位于仁里西北角，相距 1000 米。村中存有清乾隆三十六年（1771）重立墓碑一块，上书“四十五世，唐岐王府法曹历封崇和衍烈公显祖爽府君汪公，德配夫人闵氏，继配夫人戴氏，大清乾隆辛□冬，歙东□□□□”，保存完好。

全村有 40 户、167 人。七塔村是汪姓族人重要的寻根问祖之地。

仁里七塔村

仁里耿川村

耿川村 南傍登源河，北依来龙山，东边靠七塔竹坞山，西临湖里村胡采坞。自明初耿姓迁居于此，此地一直是耿姓居住地，故名耿川或耿家潭。之后，周姓迁入，一度称此地为“周家潭”。后相继有程姓、胡姓、汪姓、江姓、邵姓、徐姓、姜姓、方姓、周姓、董姓、洪姓迁入。全村共 27 户、145 人。

村内有民国年间旧屋 3 堂，其余均为新建房屋。另有砂场、砖厂各 1 个。

辛田村 背靠天顶凹，面对登源河，历史上几乎没有水田，“耕者无其田”愁煞了数代人，故取村名为“辛田”。昔日辛田村前有一片沙滩，1976 年“农业学大寨”，村民给沙滩培土，经过几个冬春的奋斗，把沙滩变成了米粮田，从而将辛田改称“新田”，二名通用。

仁里辛田村

从宋朝到清朝初年，基本是汪氏在此居住。后有汪、程、吴、姚、胡、

仁里闾坑村

方、高等姓迁来，全村共有 50 户、150 多人。

闾坑村 位于仁里村南 3 千米，凤凰山北麓山坞。据登源《闾川汪氏宗谱》载，南北朝时，齐军司马汪叔举侨居登源里中，命名其地为汪村。后子孙显达者改村名为闾村，取“光大门闾”之意。

闾坑村地貌两山夹一坞，平地很少。古时，建房都是屋靠屋、一墙两域，非常紧凑。

全村有汪姓 26 户、程姓 12 户，其他姓氏 32 户（含上三元 7 户）。方、胡、谢、高、何、吴、富、黄等姓都是解放后陆续迁进的，有人口 233 人。

◉ 村落环境

仁里村位于登源河中下游，群山环绕，峦峰耸立。受亚热带季风气候和山间盆地地形影响，境内四季分明，气候宜人，雨量适中。土地、野生动植物、水力等自然资源丰富，为自然条件良好的宜居之地。

地质地貌

距今约 2500 万年前，绩溪的山脉、丘陵、盆谷、水系面貌大体定型（8 亿年前沉为海相环境，后海水退出隆为陆地，至今仍缓慢上升）。地质构造为褶皱构造和断裂构造，山脊走向即沟谷延伸方向，呈南西或北东向，地貌单元多种多样。仁里地处登源河谷地，河床坡降较少，冲沟、河漫滩发育，河道弯曲，河两侧有少量冲积物堆积。沉积岩、浅复质岩系组成低山，坡度在 30° 左右，海拔 178 米。

山峰 仁里东南有凤凰山，系大鄣山山脉，海拔 688 米。相传古有凤凰翔集其间，故名。西北坡怪石错耸，大者高 15 米。相传张子房曾隐于此，故名隐张山。山上有隐张洞，下有隐张坑（隐川）。南迤 2.5 千米为鬼头尖。东有忠周岭，海拔 590 米。西有板兰山，是灵山（海拔 397 米）西侧延伸余脉。北有唐金山、白阳山，是石金山（海拔 926 米）的延伸，靠仁里地域俗称登岭山。

仁里境内低山有茅山、朝山、小洪坑山、大洪坑山（俗称野山）、架鼓山、擂鼓山、龙屏山、屋里山（白阳岭）等。

河流 登源河为仁里主要水系。域内有三眼塘水溪、小洪坑水溪、大洪坑水溪、闾川水溪、发源自华阳镇长塘坞的水溪，还有忠周山坞的水溪。这些水溪长度都在 1500 米左右，均注入登源河。

登源河

气候　仁里属北亚热带季风气候，日照较少，风力较弱。春季气温回升快，雨日多，有“春无三日晴”之谚；秋季气温下降快，雨日少，俗称“秋燥”。春、秋两季短，冬、夏两季相对较长。20 世纪后期以来，冬季温度偏高，冰雪减少。

仁里季节变化明显，气温年差大。春季温和，4 月平均气温为 16℃；偶遇倒春寒，清明时节有冰雪出现。夏季炎热，7 月平均温度约 28℃，最高温度在 40℃以上，但早晚温度仍较适宜。秋季凉爽，10 月平均温度约 17℃，但早秋有俗称“秋老虎”天气，中午气温较高。冬季寒冷，1 月平均温度 3 ~ 4℃，最低温度可至 0℃以下。全年平均温度约 15.8℃。无霜期约 233 天。

仁里地处山间盆地，光能资源偏少，年平均日照时数为 1926 小时左右。7 ~ 8 月，日照时数最多，平均每天约 7.5 小时；2 ~ 3 月，日照时数最少，平均每天约 4 小时。

境内降水量分布不均，年均降水量约为 1520 毫米，年蒸发量 1483 毫米。一年中，4 ~ 7 月降水量最多，4 个月降水量约占全年降水量的 2 / 5。尤其是 6 ~ 7 月降水量最为集中，5 月次之。秋、冬季节降水量稍少。正常年景，降水量的分配与农田耕作时间基本适应，高温期与降水期同步，适合水稻等农作物及桑树等经济作物的生长。

自然灾害 仁里风调雨顺、气候宜人，但一百多年间，也遇数次较大的自然灾害。

清同治五年（1866），整个登源河流域连降暴雨，发大水，冲毁汪公大庙前进、中进，庙头村十多户人家被卷走，仁里大半个村被水淹，大部分农田遭殃，有的变成了“金沙滩”。

1913年，干旱数十天，田禾枯槁，半数无收。

1934年，从初夏至秋，约有4个多月滴雨未下，登源河几近断流，村民饮水只能靠村中水井和在登源河床上挖坑掏水。绝大部分农田无法耕种或绝收，村民靠陈粮和部分代食品度日。

1938年，连绵暴雨，登源河水暴涨，冲塌了桃花坝一段。

1969年7月4—5日，连续降暴雨十多个小时，降雨量为210毫米，登源河水暴涨，造成“7·5”洪灾，石筑桃花坝被冲垮，许多桥梁、桥墩被冲塌，村内许多房屋进水，农田被淹。

1976年10月开始，连续多次降暴雪，积雪不化，晚稻无法收割，以致出现百年不遇的“抢晴扒雪割稻，春节稻谷未干”的现象。

1991年夏末，暴雨引起山洪暴发，登源河所有碣、坝均被冲毁，河水漫浸居户，部分被冲毁农田颗粒无收。桃花坝（富阳桥头坝）被冲垮，6间房屋被冲毁。

◉ 人口　宗族

在仁里一千多年的历史进程中，虽耿姓、程姓不断外迁，其他姓氏也不断迁入仁里，但最终演变成以程姓为主的典型古徽州宗族式村落。

人口规模 清顺治初，仁里耿氏因参与丛山关抗清，兵败后隐居山林，分迁鱼川、巧干和广德县耿村等地，仁里居民锐减数百人。清朝，经康雍乾嘉盛世，人口数量增长，至咸丰初年，仁里有1万余人。[①] 咸丰十年（1860）至十一年，因清军与太平军拉锯战，仁里人口减少1/5。同治元年（1862）至三年，暴发瘟疫，人口锐减3/5。宣统二年（1910），十一都（仁里）1757户、6719人。[②] 1928年，十一都（仁里）1194户、

① 引自《绩溪人口计生录》2016年版。

② 同上。

5047 人。[1] 新中国成立初，村民安居乐业，人口呈上升趋势，三年困难时期，因粮食极度缺乏，人口出现负增长。20 世纪 60 年代中期，生活水平逐渐提高，人口增长迅速。80 年代初，国家实行计划生育政策，之后人口一直稳定在 2000 人以内。1990 年以后，人口数量稳定在 500 户、1600 人左右。

人口机械变动

迁入 仁里耿姓于南北朝南朝梁由淮滨（淮阴）迁入。程姓于唐光化三年（900）从歙县篁墩迁入。南宋咸淳年间（1265—1274），歙县槐塘程姓迁入。汪姓最早于南北朝南朝宋时迁入。此外，仁里村还有周、高、胡、章等 30 多个姓氏，或入赘，或移民而来。1961 年，新安江上建大型水库，仁里接纳了新安江水库库区的部分移民 28 户、120 余人。新中国成立前后，仁里还迁进了一批手工业艺人，有砖匠、竹匠、榨匠、裁缝等，共 10 户，基本上来自歙县南乡。

迁出 宋时，耿氏有一支迁到广德县的东南方聚族而居，建立耿村（今四合乡）。耿社兴支迁广德耿村。另一支耿氏于明初因避水患迁居距仁里 1.5 千米的登源河边耿家潭后山（现称耿川）。明末，耿社成随该支又迁沿河直下 10 千米的巧干。鱼川耿社旺为躲避清军，率族人溯登源河直上 20 多千米，在耿家庄定居。

仁里程氏上祠叙伦堂派程药曾孙程师和为南唐军司马，由仁里迁岭北小谷。程师和孙程仁福又迁大谷，为大谷程姓迁祖。另外，上祠堂后裔还有分迁一都的塘塍、下坑、方村，二都的八节坦、仿儒岱，九都的翚岭脚，十一都的社屋后、楝青树下，十二都的大坞头，十三都的伏岭上村、鱼川、安田山、新桥、石川、水村，十四都的酬村、老屋下、栗树坞、树林下、栗梅树下、楼基、西山下、西坑，十五都的梓舍玕、大岭脚、梅干，县城市西，歙县双溪和宁国盘坑坞。[2]

下祠世忠堂派后裔部分分迁绩溪县的和阳坞、鸭子庄、牛屋山、上党坑、下岭前、新屋下、油村、九里坑、云川、竹棵下、石榴村、上龙池等地；还有部分迁宁国市，休宁县五城、阳湖，浙江义乌、遂安，江西景德镇、玉山，江苏淮阴（今淮安）等地。[3]

徽商鼎盛时期，程姓在浙江昌化、淳安、瑞安，江苏南通、吴江，上海，安徽宣

---

① 引自《绩溪人口计生录》2016 年版。

② 原载《绩溪·千年仁里》。

③ 同上。

城、广德、郎溪等地都有经商者，或在经商地落户。1949 年后，迁出人口主要是招工、招生迁出。

宗祠 程氏先迁入的一支于明正德四年（1509）建造了叙伦堂，是祭祀始迁祖程药的宗祠，坐落于上街。后迁入的一支建有世忠祠，是祭祀新安程氏十四世祖程灵洗的宗祠，位于下街。世忠祠分别于明弘治年间（1488—1505）、清乾隆年间（1736—1795）、清光绪年间（1875—1908）、2007 年四次修建。

仁里程氏除了叙伦堂和世忠祠两座总祠外，还有许多专祠、支祠、老屋，另外还有许多世家的堂号，如仁德堂、洛源堂、诒穀堂、诵芬堂、忍先堂、公允堂等。

祭祀活动在族中祠堂内进行。每年春分、秋分都要举行大祭。后祭祀逐渐演变成大型民俗活动——花朝会和赛琼碗。

宗族事务 族内多采取“首事”“祠董”集体负责制。族长为“首事”或“祠董”之一，负责召集“首事”“祠董”和族人议事。宗族内各派房中才干出众、热心公益、有威望者被选为“首事”或“祠董”。孔孟之道、程朱理学是仁里程氏宗族管理的指导思想。各祠都将忠、义、礼、智、信等儒家思想写进祠规、族约、祖训、家礼中，来引导、约束族人的行为，形成以尊祖、敬宗、睦族为宗旨的家族制度。

仁里奉“祠必有祭，祭必有田”为圭臬。上祠堂祠山为牛屋山山场，祠田有 13 亩 3 分、旱地 2 亩，还有在社屋后及外村的祠田 5 亩。下祠堂上、下两门有祠田百余亩。祠产除了用于安排祭祀活动、赡养族亲外，还用于开办义学、精舍、书院、补助贫寒子弟应试的费用。清光绪二十五年（1899），仁里村董程硕夫与其村巨绅程韵兰用族产铺设村中石板路。

谱牒 仁里程氏曾多次纂修谱牒。据不完全统计，现存仁里程氏谱牒文书有：北宋绍圣二年（1095）程祁编修的《程氏世谱》30 卷，安徽省图书馆和上海图书馆等有藏；民国版《绩溪程里程叙伦堂世谱》，由绩溪县博物馆和程氏后裔收藏；《绩溪仁里程氏敬爱堂世系谱》，藏于国家图书馆；下祠堂部分分支还有一些残缺不全的谱牒，藏于程氏后裔家中。

耿氏在仁里曾修过族谱，毁于战乱。闾川汪氏、忠周周氏也各自有宗祠和谱牒。

◉ 农业经济概况

仁里村人均土地占有量（除耿川、闾坑外）不足 1 亩，林地面积人均不足 2 亩。大部分田地土壤结构良好。仁里村的水资源极为丰富，水系交错，降水量充沛，基本能满足各坞的水田灌溉，加上数量众多的山塘，仁里的农作物年年基本上都能旱涝保收。在新中国成立前夕，由于血吸虫病的困扰，仁里人口减少，很多田地荒芜。新中国成立后，仁里村通过改良土壤、改进生产技术，使农业生产得到快速发展。2006 年，争取县农委支持，扩大蚕桑生产，在龟山、半中干、耿川等地约 2 平方千米的土地上栽桑养蚕；协助五蜂园公司在仁里建千亩枇杷园；组织实施土地整理及农业综合开发工程，完成近千亩农田水利基础设施建设，改善了农业生产条件。2013 年，巩固退耕还林成果，继续发展桑园，形成立体农林模式。

种植业 种植业是仁里大部分村民的生存基础。仁里村的农田耕作一直沿袭传统的耕作方式。冬作大小麦、油菜、红花草；夏作一季水稻，水稻均水田育秧，适时移栽。新中国成立前，由于生产条件简陋，生产技术落后，种植业基本上处于广种薄收、刀耕火种的状态，农作物产量低下，当地俗有“种么种一山，收收没一龛”之说。主要农作物没有优良品种，水稻亩产一般在 100 ～ 150 千克，玉米产量相对稍好于水稻，小麦、油菜的亩产量仅几十千克。

新中国成立后，经过农业体制改革，农业基础设施不断改善，生产技术也有所提高。早在 20 世纪 50 年代中期，仁里就培植过“双季稻”。70 年代，杂交水稻问世，使

仁里田畈

水稻产量突破了亩产 500 千克大关，之后亩产一直保持在 550 ~ 700 千克。全村粮食均达到自给有余的水平。1982 年后，水田种植基本上“一油一稻”（一季油菜、一季杂交水稻），小麦和红花草渐渐退出，养蚕业悄然兴起，部分田块栽上了桑，高峰时，仁里村年人均饲养量近 1.5 张蚕纸，村级经济迈上新台阶。2005 年后，丝绸行业滑坡，农民养蚕积极性降温，不得不“退桑还粮”。进入 21 世纪，国家为保证农业的可持续发展，对部分山田地进行了科学规划，实行宜林则林、宜桑则桑的退耕还林新举措，仁里村近 10% 的田退耕还林或自然还林。尤其是 2006 年，仁里村被省确定为社会主义新农村建设试点村，整个村的各项建设明显进入快节奏阶段，一些基础设施的打造与开发，加上建工厂、商业区、居民住宅等需要，占用了部分耕地，客观上减少了可耕面积，粮食的单产虽仍在提高，但因耕地面积减少，总产量则略呈下降的趋势。现在仁里的田块，冬作基本上是以油菜为主，少数种蔬菜或休耕；夏作一般以水稻为主，玉米为辅，也适当种植大豆、芝麻等。

养殖业 仁里村传统的养殖业主要为牛、猪、羊、兔、鱼、鸡、鸭等家畜家禽养殖，次之为蜜蜂养殖。90 年代后，部分村民开始养长毛兔。

山林 仁里村地处天目山山脉南延部分的末端，自然条件优越，常绿树木与落叶、

闾坑水口林

村对面封山育林

阔叶树木混交是仁里森林的特点。山场不多但自然植被资源丰富，有各类植物1000余种，其中木本植物近千种。人工植被以经济林为主，主要分布在海拔400米以下的旱地、坡地及田边、地角和房前屋后等地方。

仁里有山场3500亩，主要分布在忠周、闾坑、耿川、七塔。仁里村人口众多，人均山场占有量较少。改革开放后，仁里村的山林经营大部分承包到农户，国家林业政策的倾斜提高了村民人工造林的积极性，一些快速林种（马尾松、落叶松等）的引进，使仁里山场获得休养空间，生息成效显著，举目四望，一派郁郁葱葱。森林覆盖率的提高为生态农业奠定了良好的基础。

仁里人历来就有绿化庭院、四旁植树的优良传统，有在庭院栽种罗汉松、柏、枇杷、葡萄、美人蕉、茶花、牡丹、石榴等的习惯。种植梅、兰、竹、菊是书香门第以及文人雅士的首选，旁植有木檀、桑树、罗皮、香椿、樟树、女贞子、银杏等。仁里历史上古树很多，数人才能合抱的树有不少。但幸存下来树龄近千年或逾千年的古树只有3株。仁里村西门的槐树，树龄约800年，胸径约2米，树高约9米，树冠约50平方米；闾坑的水口树山刺槐，胸径4米有余，树高近20米，树冠约200平方米，树龄在千年以上。还有一株在七塔村，长在汪爽墓边，树高20余米，胸径3米有余，树冠原有300多平方米，但其中一方桠在1950年的一次雷击中被毁，树冠还余100多平方米，当地称此树种为“沙糖铁”，木质坚硬，生长速度缓慢，按其生长的速度推算，树龄已逾千年。树龄在百年以上的古树有许多，品种有樟树、银杏、女贞等。

农田水利

仁里历代先贤均把兴修水利、治理水害作为善事来做，他们修堤筑坝，开圳挖塘，凿井引水，为仁里留下了一套完整的农田自流灌溉体系和村内饮用水网。

堨 一种是灌溉用的田堨（如同堰，或称“拦河堰”），一种是粮食加工用的碓堨。灌溉上规模较大的堨有村头桥（富阳桥）堨、忠周堨、辛田堨。

仁里村在 1969 年之前，粮食加工就已借助水碓实现半机械化，史上有上碓（川源口）、石洞碓（桃花坝之首）、忠周碓（富阳山下）、朝山下碓（与笔架山隔河相峙）、老桥垛碓和耿川碓（耿川村边），网点稠密，粮食加工十分方便。修建水碓的同时也修筑了相应的碓堨。碓堨有上碓堨、石洞碓堨、忠周碓堨、山下碓堨、老桥垛碓堨和耿川碓堨等。

田堨与碓堨都以木桩与柴草筑成。依次排列，夯实后形成堨的主体，柴草与沙（登源河的河沙极为丰富）是截水的主要材料，一层柴草一层沙，依次叠加，直至达到满意的高度为止。这种碣俗称为“草堨”。2010—2012 年，结合登源河治理，在村北面（桃花坝首）修筑了集防洪与景观于一体的自动翻板堨，为保证登源河在仁里流域的有效水面，还在笔架山麓至桃花坝尾处修筑钢筋混凝土的滚水坝，“富阳晨曦”景观倒映水中，美不胜收。

圳 仁里水资源丰富，但山区地势坑坑洼洼，高低不平，几大坞就势形成了阶梯

仁里农田水圳

登源河仁里段河道景观工程

式田块，引水极为不便，人工凿圳引水为仁里生活和生产用水的必要手段。经过一代又一代村民的开凿，境内的圳（渠）星罗棋布，形如“蜘蛛网”。主要的圳（渠）有生活用的圳和农田灌溉用的圳两大类。农田灌溉用的圳有忠周堨圳、三眼塘水库圳、朝阳水库圳、石洞电灌站圳、龟山电灌站圳等十多条。

坝　仁里村所辖自然村（除闾坑外），均沿登源河两岸分布，历代为创造良好的生存环境、抵御自然灾害而筑成的坝很多，起到既护村又护田的作用。保存完整的有仁里桃花坝、忠周古宅护村护田坝、仁里至耿川护村护田坝、仁里下港护田坝、辛田护田坝、闾坑护田坝、七塔纹护田（坑）坝，以及忠周村的护村护坑坝和闾坑村的护村护坑坝等。

水库　仁里有 3 座水库。三眼塘（向阳水库），坐落在金童园；朝阳水库，坐落在沙腰坞口；扬塘水库（属七塔村），坐落在黄毛头南麓。水库库容都不大，最大的是三眼塘，为县级水库，设计库容有 28 万立方米，蓄水面积约 23 亩。

水塘　仁里辖区内的水塘数不胜数，很多古老的水塘已不复存在，有的被改成了水田，如社屋塘、窑坦塘、荷花塘等；有的被填平成了道路，如耿川的老坟塘、七塔村前的三亩丘塘等被 215 省道征用；有的被国家、地方征用建成了大型的服务设施和办公场所，如忠周的古宅塘（4 口）、忠周树林的水塘，仁里的西园塘、屋后塘、后山塘等。至 2015 年，仍存在的水塘有仁里的中扬塘、石板路塘、大池塘和大、小竹坞塘，七塔的吃水塘、隔干塘，耿川的官塘、出水塘，等等，约 61 处。

仁里村世宗祠外古街道

古村落建设和保护

在绩溪历史文化名城保护规划中，仁里是岭南登源河古村落保护带中的主要节点之一，为重点保护的古村落。在县域“三区一廊”发展战略中，仁里位于登源河百里历史文化生态走廊中部，是极具特色的精品旅游线路，进而被打造成集历史文化、山水田园、民俗风情于一体的休闲旅游度假区、徽文化体验区。村两委厘清思路、凝聚力量，找准本村的文化旅游优势、区位优势、资源优势，从 2006 年开始，随着新农村和美好乡村建设的开展，先后对村庄进行了两次规划。2016 年，特色小镇建设启动，村庄又进行了第三次规划，仁里古村再一次迎来了发展的春天。

◉ 村容村貌

仁里村总体布局为坐北朝南，南傍登源河，整个村落如一艘停泊在登源河旁的帆船，老槐树像船上的桅杆矗立在“艄头”。

村形布局 仁里古村整个村落呈鲤鱼形，登源河绕村流过，“鱼头”处在村东端富阳桥畔桃花坝上。“鱼尾”位于村南端，即迎熏门。由于河道离南门较远，南门缺水，俗话说“鱼得水而活”，仁里先人匠心营造一条水圳，引河水至南门，巧妙地化解了“缺水”这一窘境。“鱼尾”处还建有荷花塘、半舍坞（今称“白蛇坞”）。荷花塘水面有数亩，四周砌有石栏，辟小径通往塘心小亭。塘内植荷。半舍坞山势逶迤，曲折幽深，两边山上多灌木、乔木。坞中有水塘数处，错落有致，水渠相连，山泉清澈。塘岸植海棠、桂花、杨柳。依山势筑水榭亭阁，亭内楹联妙对，乐趣无穷。

从地形图上看，仁里村落布局又酷似龟，四个城门楼亭像龟的四只脚，上面的垛口就像龟爪，而村落里三街十八巷的格局如同龟甲。在古老的中国文化中，龟寓意着长寿，也是“忍”的代名词。仁里村落的格局在历史的进程中逐渐形成龟形，这在中国古村落中是少有的。

村口与水口 仁里村东村口（又称天门）位于宾阳门、富阳桥畔，北有石洞山，岩峰突兀耸立，山顶有山洞，数洞相连。石洞山对岸俗称“古宅”。登源河水奔泻而来，直冲石洞山，然后转 80° 弯，流速减缓，沿着桃花坝向富阳桥而下。这里河面开阔且水深，仁里先民于宋、元年间修筑了水陆码头，并造了富阳桥（木板桥）。富阳桥长 30 ~ 40 米（上有 10 块桥板），有铁索把桥板、桥码脚连起来，一端固定在桥头石桩上，以防被洪水冲走，洪水退了即可重新搭桥。富阳桥是村人去忠周村、汪村和到对面农田的捷径。富阳桥上下原各建有 7 座水碓。

村落民居多借助山水布局，依山傍水，讲究村头、村尾组景。徽州人所称的“水口”，也是一村的出入口，被村民视为村落整个格局中的“门户”、“灵魂”和“福祉”之所在。水口又是指一村水流的出处，即出水口（又称“地户”）。徽州人认为水是财富的象征，水即财富之气，留住了水就是留住了财气。仁里的水口别具特色。

仁里南门水口从村南迎熏门一直延续到龟山，长 1000 米，其间设计了 3 道景观。迎熏门外有土地庙，西边有古戏台、千年新兴寺、程氏宗族官厅，东边是荷花塘，路东侧竖一贞节牌坊，水渠与道路并行，两侧是新安港良田。这是第一道水口景观。

村口园林　　程扶雪　摄

新安港长 1000 米，在港中间横筑一道石坝，宽 1 米，高 1.5 米，长 50 余米，拦腰将港湾切成两畈，此为水口坝，将新安港分为上港、下港，在石坝上，徽杭古驿道旁建有观音庙。此水口坝在人们心理上起一个护卫村落财气、灵气、旺气的关锁作用。这是第二道水口景观。

第三道水口景观是“龟蛇拦水”（护水口）。龟山旁有处篮球场大的高地，如同一条巨蟒盘缠成圆锥形，高地中央突出高尖处即为“蛇首”。龟山路旁还竖立有 3 座贞节石牌坊。临河滩处长着一排高大的古树，新安港水道在此注入登源河。这是仁里村的水口园林。

仁里村与朝山（笔架山）隔河相峙。由于朝山山岩陡峭、石多土少、山岩裸露，仁里人挖坑培土植树，做法是撬、挖一块岩土，把编织的竹篓安置坑中，再装上土壤，种上树木，浇水，砍草，千方百计让树木生根成长。经过几代人的努力，终于使朝山绿树成林，连片成荫。1958 年，“大炼钢铁”烧木炭，水口上的树被砍伐殆尽，牌坊、寺庙被拆除。改革开放后，水口地块承包给村民，经过十多年的栽培管理，水口恢复翠竹环山、桑麻满园的景象。

自 1962 年开通公路时起，村北即成为人们主要的进出村口，2015 年始建葫芦潭村口园林，利用亭、桥、廊、牌坊等人工园景，配合山、水、石、花、木的自然风光，造型丰富，诠释“仁爱为本”“书香村落”的内涵。

闾坑村水口园林的参天大树把村“隐藏”在丛林中。有一古亭，名为“五猖庙”，亭额“闾水回澜”“华阳拱秀”。马面顶，风景优美，有石台、石凳、石井、石房、马蹄迹、“螃蟹背”等景致，常年有水从“螃蟹嘴”里流出。

四门三街十八巷

四门　仁里村建有 4 道村门，白天四门开启，入夜则四门紧闭。四门取名寓意深刻。东门称“宾阳门”，它在富阳桥畔，桃花坝前。南门称“迎熏门”，取意虞舜作《南风歌》：“南风之熏兮，可以解吾民之愠兮。南风之时兮，可以阜吾民之财兮。”西门称“秩成门”，取意“官人益秩，庶人益禄”。北门称“拱辰门”，又名“北极星辉”，因北方天上有北极星辰，众星拱卫，孔子以其地位尊贵，用德政比喻之。以“北辰”命名，寓意住在德政昌明的地方。

四门都是飞檐脊的楼亭式建筑，上部仿城墙设雉堞口，可望风护庄；下部为跨道路亭式，设置石条凳。门外都建有庙宇。朝登源河方向设置美人靠。

仁里村古巷

三街　指中街、前街、后街。

中街从北门贯通到南门，为村中心繁华街道，近 400 米长，是徽杭古驿道的一段。仁里村最大最富的家族聚星堂（“浩有派”）祖居于此，保存的古民居也最多，如诒榖堂、石鼓里宅第等。鼎盛时期，街面商铺林立，跨街而立的路亭就有五六处。

前街，也称“百步钦街”（参见本志“文物古迹 · 古建筑 · 百步钦街”）。

后街从西井（俗称铁箍井）到狮坦老屋（世禄堂），青石板铺就，街道全长约 200 米。

仁里村西门

仁里村南门

前街、后街均无商铺。街道两旁，居民多为上门世禄堂后裔，附近有多座古民居，建有吕洞宾庙。百步钦街的四开亭，后街的西井头、狮坦老屋，都是村民聚集之所。

十八巷 巷子从南至北临街分布，有前巷、澜屏巷、后巷、吉祥巷、黄门第巷、洋楼巷、九思巷、东井巷、中巷、里井巷、村头巷、墓道巷、天井巷、十家巷、碗架头巷、水圳口头巷、吕洞宾巷等。

前巷是仁里村唯一有门坊的巷道。门坊上的青石匾额上刻着“前巷”两个大字，呈墨绿色。巷内有糟坊、酱坊、碾坊以及棺材铺，都是旧时仁里永茂店的作坊。出了巷口就是大街。

十家巷是仁里著名的“大十家”和“塘塝十家”聚族而居的地方。程家“十家太太”在这里课子教孙，培养了程途远、程坦然这些邑庠生。

黄门第巷内有石泉公祠，是为纪念进士程辂而建的支祠。此地出了个黄门侍郎，荣耀乡里。此巷原有官厅一所，为黄门侍郎会客之处，太平天国时被焚，民国时期圮毁。

九思巷位于世忠祠后侧。有青石砌成的水圳，从西井直通到世宗祠，为村内唯一明水沟。

东井巷是从东井至街道的一条大巷，因东井而得名。东井巷两侧，高墙深院，都是富有人家的居处。东井巷西侧石鼓里为程潜岩故居，抗战时期，程潜岩、程宗钧、程毅芳

东井巷土地庙

等曾在这里办过战时小学。

村头巷是从仁里到忠周、汪村、梧村、龙川都要经过的地方。此去富阳桥畔的码头是一水埠头，早年有船只停泊，后为浣洗之处。

水圳、古井

水圳 历史上，纵贯中心街有一条人工凿砌的供生活用水的圳（渠），既可防洪排涝，也可排污，后来为了安全和美观，改为封闭式的暗圳。中心街这条圳出了南门后不是径直出村，而是朝东急转 90°，直到“麻坦”与上、下港的农田灌溉圳汇合，再往南延伸后又折回来，后出村。

还有两条圳，一条是百步钦街明圳，经东横街（暗圳）至下祠堂前与中心街汇合；一条是从“狮坦”经后街到西井，再经下祠堂背后拐至西横街，至下祠堂前与中心街的圳汇合，除西井处的十余米为暗圳，其余均为明圳。

古井 村中水井有大井，有小井；有带井圈（也叫井栏）的，也有无井圈的。就井圈形状来说，有八角的，有六角的，有圆的，有半圆的，还有方的；就其用途来说，有

隔墙井

嫁资井

仁里西井

供饮用的，有为排污的，有为调节屋内温度的，有为防火的。仁里村民凿井而饮，耕田而食，两户一井，三户一井，足有百余口井。除水井外，仁里很多人家屋里、院内挖有水池，不仅可以养鱼、美化环境，还可调节气温、储水防火，一池多用。

东井　仁里最大的井，建于百步钦街北端的十字路口，是仁里开凿最早、储水量最多、水质最好的井，大半个村子人家都饮用这口井的水。村里老人认为，吃东井水，病痛少，人长寿。在没有自来水的年代，到这里汲水的人，从夜半到天明，川流不息。

西井　建于西门上丁字路口，是西门百姓的专用井。据嘉庆《绩溪县志》载，仁里西井“虽遇大水混浊高过井上，而井中之水涌出常清”。传说因龙屏山泉水涌入，井水从不干涸。山泉水甘甜清澈，据说很早以前，每到秋天，井水混浊乏味，人们认为是龙屏山的龙在翻脊，将水弄浑了，于是雇铁匠打了一个大铁箍，将井箍起来，意图将龙镇住，所以西井也叫“铁箍井”。

老槐树

嫁资井　位于黄门第巷中的官厅西墙下。伏岭下村一个富商的女儿嫁给住在此地的黄门侍郎，嫁妆很多。有人说：“什么嫁妆，嫁妆再多，水总是喝婆家的！”讲者无心，听者有意。这位新娘三朝回门，就哭哭啼啼，埋怨娘亲，经过娘亲一再劝慰，才道出实情。她的父亲连夜派人到仁里婆家协商，表示愿意由他出资打一口井，以供女儿食用。一口“嫁资井”便出现在仁里黄门第巷内。

屋里井　位于斜门阙程干展家，在堂屋正中，上有井盖，封闭不用。据称是用来蓄天井里的水，以免渗入堂屋内。“浩有派”程加顺的诒穀堂厨房里有一口井，可储放食品，起着现代“冰箱”的作用。

老槐树　在仁里下村距西门不远处有株老槐树，是下祠堂始迁祖程氏三兄弟迁居仁里时种下的，村人称之为“还魂树”，奉其为神树。

◉ 村落建设

村居分布 耿、程两姓按迁入时间不同，分布在三个区域。“鱼腹”（村东南向）为耿氏聚居地，“鱼头”及“鱼身”上半段（村中至东北向）为上祠程氏聚居地，“鱼身”下半段及“鱼尾”（村中至西北、西南向）为下祠程氏聚居地。两姓三族和谐共村。村中道路路心均为青石板铺砌，两旁铺鹅卵石，有的地方还砌有图案，路肩两边均建有明、暗水沟，将泉水、生活用水引入村内，将雨水、污水排出村外，流入农田或登源河内。

仁里村东、西二头原有两处水口园林。2015 年，在村北利用葫芦潭营造了一道村口园林，给仁里村增添了一道人工景致。

仁里村的民居大多为明、清、民国时期的建筑，特点是堂号多、巷道多、巷中有巷，巷内门阙多，巷中有院，院内有巷，墙体相连，巷道相通。高高的马头墙、精美的砖石雕门楼、细木精雕的屋梁门窗，凸显出古朴典雅的徽派建筑风格。民居基本坐北朝南。村中三座祠堂均粉墙矗矗，鸳瓦鳞鳞，棹楔峥嵘，鸱吻耸拔。祠堂周边均为本支聚族而居，形成一种明晰的“社会向心空间”。

新农村建设 2006 年，仁里被安徽省委、省政府列为首批省级示范村之一。7 月，安徽农业大学园林规划设计研究所专家为仁里村编制规划，力求做到保持村庄的徽文化历史脉络，突出徽派建筑风格，突出山水田园风光。仁里村发动群众，以改善生产生活环境为切入点，大力开展以清河塘、清路障、清废弃物、清理柴垛、改厕等为主要内容的村庄环境卫生整治。村集体每年投入 5 万余元，聘用 3 名保洁员，购大垃圾桶 100 只、小垃圾桶 1500 只、垃圾车 8 辆，实现垃圾“户集、村收、镇处理”一体化管理。2007 年，新建辛田至闾川村出口护田坝 7100 米。2008 年，新建忠周至仁里对面山护田坝 1050 米。2009 年，仁里村内古塘公路拓宽至 7 米，柏油浇筑 1000 米。2010 年，维修西门至七塔古石板路，长 800 米。2012 年，对 1000 米的机耕路进行硬化，对污水池周边进行整治，共修缮道路 200 米，绿化 200 米。实施废弃矿山环境综合治理项目，对村内废弃采石场及矿山进行绿化整理。实行殡葬改革，在大洪坑新建一处千穴规模的青山陵园，彻底改变了原来村民随意乱建坟墓的陋习。对大竹坞、小竹坞、茅山、大洪坑、小洪坑、七塔、耿川坞等地约 5000 亩山场实行封山育林。2012 年，在村中健身广场西侧建文化长廊。2013 年，村两委率先在全县启动“文化乐园”建设，结合村情，设“一场”（即文化广场）、“一室”（文

仁里村美好乡村建设成果展示墙

化活动室）、“一墙”（文化墙）、“一站”（志愿者服务站）、“一馆”（村史展览馆），丰富村民生活，展示村的历史文化、乡风民俗。2013 年，改造自来水管 1500 米。2014 年，在桃花坝上安装路灯 34 盏。

环境整治 2012 年，改造了 210 立方米的垃圾中转站，清淤垃圾 1430 立方米，建成了宣城市第一家日处理生活污水 50 吨的人工湿地集中处理污水站，首次采用太阳能微动力污水处理先进技术。兴建了一座日处理垃圾 10 吨的环保型焚烧炉。整治和修复当家塘 12 口，改厕 250 户。村内主街道铺设排污管道 2600 米，完成集中式农村污水管网建设。同时，对村内相对偏远和不能纳入污水管网的农户，建设了分散式人工湿地污水处理设施。综合环保、供电、电信、有线电视部门资源，将全村电线、电话线、有线电视线路接入地下（“三线”入地）。在村入口处种植花草，完成村内广场美化和绿化工程。

2015 年，在村庄入口道路交叉的三角地，以原葫芦潭为主体，建双池，在双池的交叉位置以拱桥“锁荫”，栽银杏、樟树、松树；在两条道路交叉口建设一处徽派景墙；利用现有场地增加廊架、桌凳等设施；建设 500 米人行慢道。

特色小镇建设举措 上河徽院养老中心项目基本建成，已开业迎客。五蜂园蜜蜂文化产业园项目建设蜂情园、绿野田庄、旅游接待中心等，打造民宿餐饮风情街、特色产品展示厅及电商交易平台，一期工程已动工。兰花展示园，占地 30 亩，主要建设省内最大的大花蕙兰种植基地，建成集中展示区和体验观赏区，项目基本建成。其他项目有民居环境整治，挖掘整理绩溪民歌、民俗闹花轿、徽墨制作等非物质文化遗产，还有登源河河道治理等，已列入议事日程，正有序加快推进。

◉ 古村落保护

保护规划编制 2015 年，仁里被省委、省政府列为省级美好乡村中心村。2 月，安徽建筑大学派 3 名专家到仁里村实地调研，编制 2015 年省级美好乡村中心村村域规划和建设规划。古村落建设从村情实际出发，围绕仁里特色，深入挖掘“里仁为美、诚信和谐”和“仁里之美、内外兼修”等文化内涵，将美好乡村建设与乡村旅游发展、生态建设、文明创建相结合。

2016 年 7 月，瀛洲镇政府启动打造具有徽文化特质、彰显皖南风情、对区域发展有较强带动和支撑作用的特色小镇，规划以仁里景区为核心，以上河徽院养老中心、五蜂园等为中心，分民宿集中区、养生养老区、特色旅游体验区，建设集文化旅游、生态养生、休闲娱乐、生产生活于一体的“徽商故里”特色小镇。提升仁里景区等级，争取创建 AAAA 级景区，长远规划按 AAAAA 级景区标准建设，发展养生民宿、农家乐，建成特色鲜明的餐饮风情街、民宿集中体验区，并通过 PPP 模式建设小镇客厅等。特色小镇建设以特色民宿产业为主导产业，促进旅游经济蓬勃发展。

保护对象 根据对仁里古村落历史沿革和文化价值的分析，通过对现有古建筑的修复建设来保留古村落所蕴含的深刻的文化内涵和历史气息，确定保护对象为：具有重要历史文化、科学、艺术价值的古建（构）筑物和遗址；村落总体空间格局及主要构成要素；与仁里村的发展演变过程和历史文化价值构成直接关联的自然和人工、历史环境要素；与村落居民生活相关联的民俗风情、名人传说等非物质文化遗产。

保护措施 规划区共有市、县级文物保护单位5处，分别是王子野故居，农家乐胡美生户、方顺五户，诒穀堂古民居群中的程红霞和程日元户。规划建议新增市级文物保护单位7处，分别是上祠堂、下祠堂、洋楼、世肖坊、“浩有派”民居群、老街、百步钦街。

在文物保护单位的保护范围内，不得拆除、改建原有的古建筑及其附属物，不得破坏原有的文物，不得添建新建筑和其他建筑工程，不得进行爆破、钻探、挖掘等作业。文物保护单位周围建房时，应按建筑设计防火规范要求进行建设，古建筑耐火等级一律按四级考虑。文物保护单位保护范围内的建设，其初步设计和施工方案应由文物行政主管部门审核，报城市规划行政主管部门批准，领取建设工程规划许可证后方可动工。

文物保护单位建设控制地带规划为保留一、二层建筑的地带。地带内，现有两层以上楼房必须降层整治。当房屋危险，必须翻修时，应改建为传统形式的白粉马头墙、小青瓦、坡屋面房屋，檐口高度控制在7米以下。

建设控制地带内进行建设工程和爆破、钻探、挖掘等作业，不得破坏文物保护单位的环境风貌，其工程设计方案或作业方案应征得相应的文物行政主管部门同意后，报县城市规划行政主管部门批准，领取建设工程规划许可证后方可动工。

建设控制地带内严禁破坏地形、地貌、道路和水系，严禁开山采石、砍伐树林，不得建设污染文物保护单位及其环境的设施，不得制造损害文物保护单位安全的震动、噪音。

仁里村建筑分级评定及保护措施一览表

表1

保护级别		定义	保护项目	保护整治措施
一级建筑	文物建筑	具有较高的历史艺术科学价值的各级文物保护单位	上祠堂，下祠堂，洋楼，老街，世肖坊，百步钦街，“浩有派”民居群，王子野故居，农家乐胡美生户、方顺五户，诒穀堂古民居群中的程红霞和程日元户	保存、保护、修复
二级建筑	重要的历史建筑	有一定的历史、科学、艺术价值，传统风貌完整、保存度完好的建筑物	忍先堂、加乐堂、诒穀堂	保存、保护、修复
三级建筑	一般的历史建筑	历史、科学、艺术价值一般，传统风貌保存不完整的建筑物	石泉书院、光启堂	修复、维修、改善
四级建筑	与历史风貌协调的建筑	与历史风貌协调、无冲突的现代建筑	位于村落内部，非旅游线路上的部分现代民居	保留、整修
五级建筑	与历史风貌有冲突的现代建筑	与历史风貌不协调、有冲突的现代建筑物	入口处的现代建筑等3所民居	整治、改造、拆除

2007 年修缮世忠祠

古建修缮

街巷修复 2006 年，新农村建设起步，在村委会的发动下，由从仁里村发脉的鱼川村耿姓出资，仁里村程姓出力，协同修复村内有着 1400 多年历史的遗迹百步钦街，仍用竖砖叠砌，长 28.1 米，宽 1.8 米。修复村内四门和巷道的古石板路 1400 米。2012 年，修黄门第巷、后巷路 346 米。

民居修复 2012 年，本着修旧如旧原则，对符合危房改造条件的 112 户古民居进行危房改造，要求在房屋修缮中不破坏原有建筑风貌。2013 年，改造 49 户。2014 年，改造 28 户。2014 年，由亮景旅游公司在淘宝网上发动万人众筹活动，募得资金 30 万元，用于古民居保护和光启堂等古建筑的修复。2012—2013 年，对街面上的房屋进行徽派立面改造，并要求新建房屋按徽派图纸施工，修复马头墙 2300 平方米。

古祠堂修复 2007 年，按照修旧如旧的原则，对下祠堂（世忠祠）进行修缮。2013 年，美好乡村建设启动，又对光启堂（敬爱堂）进行修缮。

整修桃花坝、古码头 2013—2014年，投入500万元，对桃花坝及古码头进行整修，全部用石条砌筑坝体。

登源河百里历史文化生态走廊（仁里段）

村政　民生

仁里村的共产党组织成立较早。行政组织与其他村大同小异。社会团体有新中国成立初的农民协会和之后成立的妇女协会、共青团支部。21 世纪后，相继成立了老年人工作协会和关心下一代协会。

仁里是一个耕读并举、商儒并重的村庄，历来重视民生。明清时期，一部分人远走他乡经商，逐渐发展成一支徽商劲旅，村中经济和文化也因此发达。留守在家乡的人，耕作着属于自己的为数不多的田地，安居乐业。中共十一届三中全会后，改革开放促进经济发展，村庄焕发出新的活力，仁里村步入了一个全新的阶段，村民衣食住行等都发生了翻天覆地的变化。

风雨沧桑仁里村，革命火种早植根。轿行支部先建立，红色交通播火星。
黛瓦粉墙深几许，民风淳朴耕作勤，治水修堤先固本，确保农家岁稔丰。

村政组织

中共仁里村党支部 1932 年下半年，中共闽、浙、赣省委领导的中共皖南特委在仁里村建立了绩溪仁里轿行特别支部与交通站，负责人王老五（湖北人）。1935 年 3 月，由于叛徒告密，仁里轿行的轿夫孙克文（湖北人）等被保安队捉走，绩溪仁里轿行特别支部与交通站关闭。

仁里村委会　　许跃光　摄

仁里夕照

1938 年，左联成员、进步青年程扶信（仁里人）由上海到汉口，经八路军驻汉口办事处工作人员甘天沐介绍，参加中华民族解放先锋队，回乡开展抗日救亡宣传活动。5 月，通过皖南特委青年部部长黄诚介绍，程扶信加入中国共产党。同时，在仁里村发展了胡广范和程扶玲两名党员，成立支部，并在村北石洞山召开第一次会议，会议决定程扶信任书记。仁里村恢复了中国共产党的组织。

新中国成立后，仁里村在党支部的领导下，村民靠车推肩挑，使辛田村前的百亩沙滩变成良田；龟山百十亩乱坟地，自古杂草丛生，村民们一锄一镐地铲平，引进了登源河水，使其变成旱涝保收的水浇地；古宅机灌站、龟山机灌站、闾坑机灌站、耿川机灌站的相继建成，使仁里村的水浇地面积翻了一番还多，尤其是 1975 年石洞电灌站的建成，使仁里村的水利设施得到了根本性的提升。1975 年，仁里人告别了煤油灯照明的时代，用上了电灯。

中共十一届三中全会后，村党支部带领全体村民建设社会主义新农村，使仁里成为美好乡村的典范。2008 年起，村党支部改为村党总支。

村治组织 民国以前，仁里村村中事务一般由族长、士绅主持。民国时期，村设村董，起征收税赋，辅佐官治，调解地方、村民纠纷的作用。1933 年，绩溪县编组保甲联

仁里老年活动室

系制，仁里分设两保。新中国成立后，在称谓上，先后有仁里行政村、仁里乡、仁里大队、仁里大队革命委员会、仁里大队、仁里行政村村民委员会等。仁里村民委员会与中共仁里村党支部委员会共同负责仁里村各项工作。

社会团体

农民协会 仁里村农民协会（农会）成立于 1950 年，当时在基层农村有“一切权力归农会”的说法。农民协会于 1955 年结束其使命。

村妇女协会 新中国成立后，在仁里乡妇女联合会统一领导下，村中成立妇女协会，妇女上夜校，提倡男女平等、婚姻自由，劝夫参加志愿军，做军鞋、捐款支援抗美援朝，在社会主义建设中发挥“半边天”作用。1979 年之后，在维护妇女、儿童合法权益和开展五好家庭、计划生育、晚婚晚育宣传等方面，村妇女协会做出了很大贡献。

村共青团支部 新中国成立初期，仁里村就有健全的共青团组织。共青团员们在各个时期的农业生产和村庄建设中，组织“青年突击队”，在义务服兵役、社会治安、精神文明建设、抗洪抢险等方面起模范带头作用。1969 年 7 月 5 日发生特大洪灾，洪水漫进村庄，共产党员、共青团员带头疏散群众。1982 年和 1993 年，两次山洪暴发，护村坝（桃花坝）决堤，共产党员、共青团员带头扛沙包堵决口。2008 年，汶川大地震，思诚小学共产党员、共青团员带头慷慨解囊，为受灾同胞捐款捐物。

村老年人工作协会、关心下一代协会 仁里村老年人工作协会和关心下一代协会成立于 2005 年。老年人工作协会在村委会的帮助下，建立活动室，为会员办理老年人优待证，用有限的经费购置活动器材，组织各种活动，每逢春节、重阳节都组织文娱活动，慰问高龄老人，还出墙报宣传党的政策，报道国家大事，表扬好人好事，转载老年保健知识等。村关心下一代协会积极与学校、家庭沟通并开展活动，维护青少年权益，促进青少年健康成长。

◉ 民生

衣

男子衣着 清末民国初，春夏着大裾短褂裤、袄、搭板裤、合梁布袜、布靴或布鞋；冬装穿长袍、马褂，戴毡帽或猴狲套、瓜皮帽。20 世纪 20 年代，演变为着对襟短褂裤、袄，穿圆口或舌口布鞋、纱袜。有身份、地位的人，外出、会客穿长褂，外罩黑缎马褂或背褡，戴黑色瓜皮帽。北伐战争后，公职人员、学生、知识分子多穿中山装、学生装。冬着大衣，夏穿衬衫、汗衫，戴礼帽、舌帽，着长纱袜。穿皮鞋、布胶鞋。新中国成立后，多穿中山装，冬着长、短棉大衣。村里老辈年长者，春秋仍穿对襟短褂裤、袄，冬着长褂、长袍或短棉衣裤。80 年代，流行西装、夹克衫、滑雪衫、牛仔裤、风衣、皮鞋、旅游鞋、胶底鞋、尼龙袜、丝袜等。进入 21 世纪，服饰更新速度加快，且款式多样，档次越来越高，生活条件好的青年开始追求名牌。

女子衣着 清至民国初，着合梁尖头布鞋，穿大裾短褂裤、袄和夹、棉背褡。夏季衣袖短，衣身宽大。寒冬头扎绉纱，戴瓦皮帽。出门做客系黑裥裙，长度及足。1913 年，提倡放足。五四运动后，缠足普遍废除。嗣后，着圆口、舌口布鞋，流行穿洋布或阴丹士林布[①]裾褂。新中国成立初期，流行翻领对襟褂、西式裤（右腰边开扣）和灰、蓝色列宁装。80 年代，兴连衣裙、短裥裙、西装、滑雪衫、牛仔裤、毛衣外套、高跟皮鞋等，款式多样。老年妇女仍习惯穿列宁装，大裾或对襟短褂裤、袄。进入 21 世纪，着装款式、色彩一年一变化，纯棉、真丝织品深受欢迎，裙装不只在春秋季节穿着，冬季也开始流行。

头饰 新中国成立前，姑娘扎长辫拖于背，末端系红头绳，或扎绸结；额前留短发，戴发夹或珠花。十一二岁穿耳孔，戴耳环。出嫁后，挽髻于脑后，称头髻，髻上插簪、钗、珠翠，佩戴戒指、手镯等饰物。贫寒人家饰物为银质、铜质，富裕人家饰物为金、

① 阴丹士林布：使用还原染料阴丹士林染成的布。

玉材质。50 年代崇尚朴素，不戴饰物。80 年代后，年轻女子流行烫发，配戴饰物成风。

发式 清朝，男子扎辫拖于脑后，长及腰股，或盘于头顶；男孩头顶扎直辫，或在前额、后脑留短发。民国初，剪辫蓄短发，或剃光头，老年人蓄须。女孩扎两条牛角辫或留短发。五四运动后，男子有人剪西式发或平顶发，农民仍多剃光头。年轻妇女开始剪头髻，留短发，俗称“二刀毛”。新中国成立初，仍有老妇人挽头髻。新中国成立后，城乡普遍理西式发。男孩多剪西式发或平顶头。女孩多剪短发，或扎双辫。进入 21 世纪，染发之风渐起。

儿童衣着 婴儿初生，内穿明代制式的青色套帽衫，长大后衣服式样与大人无大差别，多用花布制成。3 岁以下儿童外罩口涎围。小孩鞋、帽较讲究。帽有六裥帽、刘海圈、孔明帽、公子帽、天宫帽、喜鹊帽、荷花帽、兔帽、虎头帽、狗头圈等，均缕以金、银丝线，绣花，帽檐钉徽牌或玉翠、银泡，帽后钉小铃铛。普通人家只有六裥帽、狗头帽、刘海帽。鞋有狮头、虎头、狗头等图样的绣花鞋。口涎围绣花、鸟、虫、鱼图案。普通人家小孩戴银质手镯，富有人家还戴银箍、银项链。70 年代后，鞋、帽、口涎围多从商店购买，衣裤自制或购买，趋于时新。90 年代后，童装很少到裁缝店定做，均在童装店购买，且追求流行款式。在校中小学生穿校服。

食

主食 主食大米，辅以面粉、高粱、玉米、山芋。一日三顿，一粥两饭或一顿面食。新中国成立以前，贫苦农家闲时多两稀一干，山民以食玉米粉为主。新中国成立后，农忙时三顿干饭，雇工匠则下午会加一餐，供以面食或粉馃[①]。冬季，家家腌渍菜，制辣椒酱、冬酱。殷实人家腌肉、火腿，80 年代后，一般农家已普遍如此。春季焙绿笋，晒干渍菜。夏季晒干菜。秋季晒制干角豆。日常吃食俭朴，以自产蔬菜为主。有客时，加腌肉、火腿和蛋汤。山区人家待客必有笋。如有远客、贵客登门，则备四菜一汤或七八样菜，常见杀鸡、买肉，或做包、馃相待。烹调油腻，佐料稍咸重。菜肴制法有炒、烧、焖、炖、蒸、炸、卤、渍等多种。逢时节必做包馃，妇女主炊。90 年代后，小康家庭饮食开始讲究营养，食物逐渐由粗食型转变为以肉、禽、蛋、鱼类和细粮为主的细食型。

传统名菜、点 菜品有红烧石鸡（棘胸蛙）、脚鱼（鳖）、臭鳜鱼（腌渍鲜鳜鱼）、干渍菜焖猪肉、清炖蹄膀、牛肉焙萝卜、粉蒸肉、清蒸糟鱼、炒仔鸡、三冬、毛豆腐、

---

① 粉馃：圆形馅饼的通称。

荷包蛋等；点心有八宝饭、油酥饺、苗粿、马打滚（糯米粉猪油糖心粿，蒸熟后外滚黑芝麻粉糖）、蕨包、烧馒、薄塌鲜、春卷、香椿挞粿、玉米粉粿、水馅包、米粉粿等。

茶食　腊月，家家做麻糖，串糖杖，炸面脆，炒花生、瓜子、兰花豆等。麻糖有冻米、炖谷米、谷花 3 种。殷实人家还做如意糖和花生芝麻糖。80 年代，花样增多，有麻片、饼干、蛋卷、糖枣等。春节期间以此待客和招待邻里孩童。春节后，农民野外劳作常以麻糖充饥。进入 21 世纪，麻糖不再家家户户都做，时鲜水果、包装质量上乘的食品开始进入农户家。

酒席　婚丧喜庆酒席，村人多以“九碗八”（九大菜、八冷盘）或“六大盘”（常见于丧葬酒席）做席。80 年代后，虽品种质量有改进，但按上台鸡、下台鱼的次序上席，酒酿发包和焖粉二道主食一定上席的习俗未变。

酒　传统以地产烧酒和自制的糯米水酒待客。50 年代后，少有自制水酒。70 年代后，多以瓶装白酒、水果酒上席。

庙会、祠祭食品　清至民国时期，仁里一带有八社花朝会，农历二月十五日开始，纪念汪公大帝，闰年尤盛。供品实行“赛琼碗”，值年户家至少做 3 盘菜摆于祠堂案桌作为供品，盛会时有 24 行 288 碗。琼碗以山珍野味、菜蔬瓜果、面食糕点、干果水果、肉、禽、鱼、蛋、海鲜作主料配制，以及盆栽盆景。多雕塑拼排成吉祥图案，常见以“二龙戏珠”“百花迎春”“凤凰展翅”“鲤鱼跃龙门”“五谷丰登”“蟠桃献寿”“和合利世”等吉祥词句冠名。徽菜起源于此。祠祭用酒为“徽州甲酒”。

住

房屋　房屋朝南向居多。基本为砖木结构，青砖、黛瓦、粉墙，一般为楼房，三间两过厢。两边为卧房，当中为堂前，堂下为天井、明堂。财力雄厚或讲究的人家雕梁画栋，砖雕、石刻点缀内外。院

民居

墙内，除主屋、厅堂外，还有厨房、牲畜圈舍、茅厕，及堆放柴草、农具的附属屋。房屋布局为厅大房间小，堂前是亲友聚会和待客的地方；东厢为父母卧房，西厢为子媳卧房。楼上或住孙辈孩童，或作客房。大户人家通转楼，有上、下堂或前、后进，“一脊翻两堂”“五间三献”（明五间，暗三间）。中等以上人家，居住较宽敞，房内置 1 ~ 2 张床铺，未成年子女与父母或祖父母同房居住。70 年代后，房屋多以水泥、钢筋建造，缩小厅堂，扩大卧房，求美观，重采光、通风，设小院，有走廊和阳台。进入 21 世纪后，村里新建房屋大多为三层独立小楼。

行 新中国成立前，村人出行以步行为主，旅外肩背行囊装干粮、衣褂，背雨伞；富裕人家坐轿，骑马或驴。货物运输则靠肩挑人抬、骡马驮运，也有少数用木轮包铁皮的独轮车运输。20 世纪 50—60 年代，村人外出到本县或邻县，仍以步行为主。出远门的，可到县城坐长途汽车。改革开放后，自行车开始普及。90 年代后，摩托车开始进入普通农户家。进入 21 世纪，摩托车、自行车成了村人的代步工具。独轮车、板车、三轮车、机动三轮车、农用车、卡车成了村民家庭的运输工具。部分富裕村民还有了私家车。据统计，截至 2015 年，仁里有各类小汽车 37 辆、卡车 16 辆。

用

摆设 堂前照壁挂对联、字画，照壁下置条桌、交椅（旧式椅）、八仙桌。富有人家堂前中间增置圆桌、方凳。条桌摆香炉、烛台、帽筒、花瓶和自鸣钟。明清迄民国时期，堂中还供祖宗牌位，两侧照壁挂字画条幅，壁下置茶几、交椅。卧房多置屉桌、衣橱、椅、凳和月宫床。70 年代后，家具式样更新，时兴五斗橱、大衣橱、写字台、高低床、床头柜、靠椅，或组合家具。厅堂仍多置条桌和八仙桌。

生活用具 有妇女做针线活用的针凿筐、鞋盖，盛礼物用的手提篮，焙制茶、笋、菜用的焙篼，取暖用的火熥[①]，幼儿站立的蹬桶等。嫁妆手提篮和火熥制作精美，媲美工艺品。

家用电器 80 年代后，电视机、音响、洗衣机、冰箱等家用电器开始进入乡村。仁里最早的电视机出现在 1983 年，当时只能用竹子竖起天线，接收上海后方三线企业光明机械厂的差转台电视信号，能收看中央电视台、安徽电视台、浙江电视台的节目。1996

① 火熥：竹编的取暖用具。

年，开始安装有线电视，电视节目增至 10 套，彩色电视机走进家家户户。2002 年 5 月，光缆联网工程通达仁里村。进入 21 世纪，瓶装石油液化气灶具、空调、电脑走进家庭，手机逐渐普及。

村民收入　明、清时期，仁里村民的经济收入主要来自两大类。一类来自于旅外或在村中的经商家庭。他们中有不少人赚了钱，经济实力雄厚，家境殷实，拿着所赚的钱回家孝敬父母，抚养子女，修建气派的住宅，同时投资教育，开设私塾培养后代，有的还热心公益事业，为村子铺路修桥等。另一类来自于务农家庭。他们的生活一般与传统农业社会的农民无异，清苦而平淡。民国时期，由于战乱，旅外或在家经商人员受到重创，经济一落千丈，村人的经济状况也非常不景气，村容村貌显得萧条。

新中国成立后，仁里村经济经历了互助组、合作化、人民公社、“三自一包”[①]、“农业学大寨”等模式。中共十一届三中全会后，改革开放使仁里村的农业生产力得到了解放，农民的生产积极性空前高涨。他们有的通过多种经营增加收入，办企业，跑运输；有的走出村庄，去外地打工赚钱，收入也随之大幅上涨。至 2016 年年底，全村年人均可支配收入达到 1.1 万元。

扶助救济

历代封建社会，政府均设有赈济、恤政和慈善机构，但因生产力低下，政府的救助能力有限，百姓真正能享受到的福利和救济很少。遇灾荒或普通百姓的生老病死问题，主要依靠家庭、子女解决。家庭困难的，只能艰难度日。明、清、民国以及新中国成立后，仁里的徽商、旅外人士或村中儒者都主动发展慈善事业，给村中父老捐款捐物，或铺路、建桥，或建祠、建校等。

赈灾　明永乐三年（1405），县建东仓于十一都仁里，用于备荒。新中国成立后，党和政府建立查灾报灾制度。每遇灾祸，由村干部了解情况，查清受灾情况后逐级上报。政府根据具体灾情给予灾民钱物救济，解决灾民口粮、御寒衣服棉被、修理房屋等问题，对于因灾受损的田、塘、山体、道路、河坝等，也及时拨款修复。

老人及残疾人员保障　1956 年农业合作化期间，政府对农村无依靠的孤寡老人逐步实行保吃、保穿、保住、保医、保葬制度（简称五保）。1958 年，公社办敬老院，接收孤寡老人，1961 年停办，孤寡老人回到村中，由农村党、团组织助耕。中共十一届三中

---

① 三自一包：自负盈亏、自由市场、自留地和包产到户。

寿星聚会

全会后，对特别困难的五保老人给予一定救助。1985 年 6 月起，农村五保户每人每月有 6 元定额补助。1986 年，提高至 10 元。1994 年，提高至 16 元。1997 年，提高至 40 元。2001 年，省级财政拨每人每年 400 元专款到县级财政，加上集体统筹部分，使农村五保老人年均供养额达 1200 元。1992 年，瀛洲乡建敬老院。2006 年，五保户生活经费由县级纳入财政预算，国家给予专款补助。2009 年，供养标准每年 1200 元。2016 年，仁里村有五保户 8 人。

1982 年 8 月 2 日，县政府对全县农村在 1945 年 9 月 2 日前参加中国共产党领导的革命活动的老游击队员、老交通员、老堡垒户（简称“三老”）中为革命事业做出较大贡献，年满 60 周岁以上的人员进行确定并实行定期补助。每月人均 9 元。后经 1989 年、1998 年、2007 年 3 次提高标准，生活补助调至每月人均 40 元。仁里村有“三老”人员 3 人。仁里村 80 周岁以上老人除享受政府统一养老保险外，村两委还在每年春节给予每人 200 元的慰问金，对党龄 40 年以上的老村干部、老党员给予 200 ～ 400 元的慰问金。据 2011 年统计，仁里村共有最低生活保障人员 58 人。2016 年年底，仁里村享受补贴的残疾人有 18 人，享受每月 120 元的护理补贴。

移民安置 1962 年，浙江新安江水库建设时，约 120 人迁居仁里村。国家每年下拨相应的移民安置资金。2006 年 7 月起，绩溪县对移民实行每月 50 元的补贴，当年有 70 户、196 人享受此补贴。2016 年，有 188 人享受此补贴。政府还有移民项目资金下拨到仁里村。2009—2014 年，共拨付 109 万元，用于道路、环境整治等基础设施建设。

饮水工程　20 世纪前，仁里村中有各式各样的水井，用于村民饮水、防火等。其中东井、西井水质好，是人们汲饮用水最多的井。

2000 年，村民首次自发组织筹建蓄水池，开始是利用自流水，引大洪坑水源建了两个水池。每户出资金 520 元，购买水管、水泥等。每户接一根水管进家。最初设计的是 120 户，收取水费 0.2 元 / 吨。为让村民养成节约用水的习惯，还规定每户每月用水限 96 吨，消费超过部分收取水费 2 元 / 吨。自流水流量小，落差小，满足不了村民的饮水需求，遇干旱天几乎无水可供。于是进行第二次改造，改打机井抽水。机井建在龙屏山，纳入农村饮用水工程。之后，又在大洪坑拦河坝上建立大型水塔，以补充水量之不足，使村民都能喝上干净的自来水。闾川等自然村的饮水工程在仁里村稍后启动。第一次引吴坑水，因水流量太小，又引下坞的水，两股水合并，每户出资 400 元。七塔村引横坞塘水源，每户出资 700 元。村委会利用民生工程资金，为七塔村在小水桥下建中型灌井一处（约 70 平方米），用水泵将干净的地下水抽上高水塔再流进各用户。

医疗保健　旧社会，仁里村缺医少药，一些乡儒经过家传师授，或自学中医理论，为乡亲治病。清代，村人程本遐刻苦钻研医术，除给人治病外，还写有医学专著。仁里村北原有个华佗庙，庙内供奉有华佗、李王菩萨和土地菩萨。村中一些人生病时，就去庙内求签，再到广福堂中药店对号抓药，实则是药店倌在看病开药，病人病好后以鹅祭拜华佗。相传庙内的李王菩萨能护佑妇女生育，凡有难产之妇，家人就用李王锤按摩产妇肚子。村东南向山坳的大洪坑有个泗洲庙，清乾隆年间（1736—1795）建，不孕不育之人常去庙中祭拜。明清时期，众多村民走出家乡，去外地经商，富裕后，培养了一批儒者，村中儒者大多学习医术，为亲人和乡邻治病。清末民国时期，忠周村人周家培，师从龙川村名中医胡在邦，后成为杭州市医药研究会会员，在仁里中街广福堂药店内设医馆。程希濂也是那时村中著名的专职中医，家中设医馆。

民国时期，有不少教育人士利用业余时间兼学、自习中医，为村人看病，成为地方名家，如程树勋、程翼堂、程东屏等；也有出外考上医学院，后成为著名专家、教授的，如程达人等；村中涌现出一批医疗卫生人才。新中国成立前后乃至改革开放前，村中还有不少用土法医治病人的民间医生。土法治病的药方常常能起到显著治疗效果，俗称“单方”。这些土法或通过家传，或师授，代代相传。这些单方有传儿媳不传女儿的传统，以确保医术不传至外姓人手中。清末民国时期，仁里村有天和堂、万农堂、广福堂 3 爿药店。广福堂最大，中草药品种最齐全，内设坐堂医生，由程静光创办，有员工 8 人。天和堂，由舒金春创办，有员工 3 人。万农堂药店由程德根创办。这些药店在新中国成立初经公私合营改造，成为县医药公司的分部。后县医药公司改制，又由私人经营。至 2016 年，村中尚存老字号广福堂药店。

1953 年，村里成立了联合诊所，地址在石鼓子，以中医门诊为主，中西医结合治疗。最早是瀛洲公社医院医师驻村。1958 年，村中成立了公社卫生院分院，地址在聚星堂，由瀛洲卫生院派医生驻村。1970 年，仁里大队建合作医疗室。公社卫生院为村培养了 7 名“赤脚医生”。“赤脚医生”与公社卫生院医生合作，大力推广一根针（灸）、一把草（药）为民治病。其间，医疗室创办制药厂，发动社员和村初中班的学生采摘茵陈、野菊花、虎仗、夏枯草、金钱草、百合等多种草药，在合作医疗室中加工炮制后为人治病，也去宁国等外地采购中草药。用草药糖苔制作肝炎糖浆。肝炎糖浆的成功制作和使用，有效地控制了甲型肝炎在当地的蔓延。一时间，仁里村医疗室制药厂声名大振，被誉为“江南一枝花”，产品远销宁国、广德、上海等地。20 世纪 80 年代初，设村卫生室。2009 年，新建百余平方米的标准化村卫生室。

旧时，仁里村对传染病、流行病的防控能力十分有限，每遇瘟疫，只能是求神拜菩萨，或土医生配药防控。清咸丰、同治时期，仁里村和绩溪县的孔灵、上庄、旺川、临溪、金沙、扬溪等许多村庄无名瘟疫大流行，死伤无数，人口锐减，只存十之二三，是近代仁里村乃至绩溪县史料中记载的最为严重的一次瘟疫。大瘟疫之后的一百多年里，仁里村深受血吸虫病危害。据解放初统计，村中因此病病死绝户 145 户。解放后，开展灭螺防疫工作，经过 30 余年的不懈努力，村民感染率逐年下降。1993 年，经过省、地、县的考核验收，仁里村宣布达到消灭血吸虫病的标准。

2007 年，新型农村合作医疗制度全面启动。当年，仁里村参合率为 94.8 %。之后，经过几次调整，2015 年，省、市、县补助金额达每人 240 元，个人缴费也提高至 120 元。住院报销金额比例为 70% ～ 80%。2014 年以后，村农民参合率达 100%。

治安防火 宋元时期，村设村董、地保，具体负责村的行政、治安管理。明清至民国时期，实行保甲制度，强化地方治安。仁里村内建有多个宗祠、支祠，这些宗祠、支祠除祭祀外，还是族人议事、处理族中矛盾、维护宗族团结之所。每个家族都立有各自的家规、族规、祠规，规范族人行为。若有犯规者，必有严惩。中华人民共和国成立后，村里的治安由治安主任具体负责。2011 年，村成立综合治理办公室。

仁里打更

旧时，村民发生矛盾，一般请村董、乡绅等有威望的人出面调解。家庭矛盾、父子兄弟间的纠纷则有由娘舅出面调解的习俗。民国时期，领导全县妇女解放运动的仁里媳妇章笑如，在村民中有着很高威望，村民遇上纠纷都愿请她出面调解。她总是耐心疏导，帮助排难解困，促进邻里间、亲人间和谐相处，被妇女视为贴心人。村中老幼见了她都亲切地喊她为“笑如太”。

仁里村的民居风格是徽派建筑，高高的马头墙除美观外，还有一个功能就是防火。徽派民居内还设有天井，天井内或院子里常摆放一口大水缸，承接雨水用以防火。村中街巷内或村民家中挖水井、水池共百余口，起防火作用。村外还有数十口小塘，也主要用于防火。村中备有一杆公用水铳。发生火灾时，将水铳的一头插入水中，用手按压加压杆，喷头喷出的水柱可高达十几米，对准火苗喷射，有较好的灭火效果。如今，水铳完好存放于广福堂中。

旧时，村里每夜安排专人打更，告知村民“天干物燥，小心火烛”。村中有铜锣，每遇火灾，通过鸣锣方式召集村民齐心协力救火。20 世纪 80 年代以后，村中主要公共场所都配备有灭火器材。

仁里古巷

古今徽商

仁里有经商的传统，从明清开始，陆续有村人外出经商办实业，仁里商人凭着“绩溪牛”“徽骆驼”精神，足迹遍布大江南北。古通州（即今南通）是江南著名水陆码头，仁里程氏家族就在通州经营当铺，造就了“通州一条街”的辉煌。新中国成立后，尤其是改革开放以后，投资兴业者如雨后春笋般涌现，成为仁里新农村建设的一个亮点。仁里村大力发展特色产业，搞活了农村经济，富裕了农民，美化了乡村。

南通州，北通州，南北通州通南北。东当铺，西当铺，东西当铺当东西。

◉ 在村工商

仁里木雕艺人

工匠 新中国成立前，农村经济落后，部分村民以拜师求艺的方式掌握一门手艺，忙时种田，闲时做手艺，养家糊口。仁里村手工业从业人员较多，门类齐全，有石匠、砖匠、木匠、圆木匠（桶匠）、铁匠、锯板匠、漆匠、竹匠、裁缝、厨师、屠工等。改革开放后，又增加了水电工、铝合金门窗制作安装工、钢筋工等。村内形成各种作坊及服务业、建筑装潢业等。其中木工 12 人，砖工 9 人，竹匠、铝合金及不锈钢加工工人、油漆工各 7 人，水电工及屠工各 3 人。

手工作坊 村内原有村办油坊，为传统的木榨榨油，2003 年改制后，转让给个人，即益源油坊。此外，还有永茂油坊。俞宗元豆腐坊名气较大，

1981 年开始营业。产品有豆腐、豆腐干、包干、卤豆腐干、臭豆腐、毛豆腐、豆腐乳，远近闻名，特别是毛豆腐还远销北京、深圳、上海、常州、芜湖、宣城等地。旧时粮食加工以水流和人力、畜力为动力，有水碓、石臼、手推磨等。除间坑以牛拉石碾加工粮食外，各村都有水碓，仁里有 7 座。20 世纪 70 年代后，采用机械设备加工粮食。

商业店铺 清咸丰年间（1851—1861），聚星堂五房后人在“大路转弯”附近开了一家杂货店，取名“浩有”，自此，“浩有”成了其家族别称。后陆续开有汪前米店、广福堂药店、万农堂药店、一本南货商店、百货五金店、立成号京货店、秋涛京货店、永茂百货商店、扶定杂货店等。仁里在清光绪十年（1884）前，古码头一直通航，村中饭店、商店、旅社众多。新中国成立时，大部分店铺已关闭，其中一本商店迁至县城继续经营；广福堂药店公私合营时改名为仁里药店；立成号京货店、程扶定杂货店、永茂商店公私合营后合并，改称合作商店，继续经营。仁里供销社建于 1951 年。1954 年，国家实行统购统销政策，仁里的布匹、棉织品、煤油、百货日杂的销售采购和农副产品收购、农药化肥等都属仁里供销社的业务。1998 年，仁里供销社撤销。村民在村里开办了一些销售百货烟酒的小超市。

◉ 旅外徽商

程树鹤创办徽菜馆 据《绩溪面馆业的历史》[①] 一文记载，清咸丰初年，仁里人程树鹤在杭州创设绩溪面馆，取名长和馆。该馆开了 3 年余。同年，又到苏州创设一家面馆，叫万通馆，此为在苏州的第一家徽菜馆。该馆开在苏州阊门外，开了 10 年。后又集资到上海创设一馆，叫松鹤楼，设在十六铺盐码头，前后约 2 年多时间。程树鹤为徽菜馆始祖。

清朝程氏家族在南通经商 清顺治年间（1644—1661），仁里聚星堂程上颖生五子，在家务农。后长子程本法因与里人争放田水发生纠纷，外出到江苏通州摆摊度日，渐有积蓄，便与人合伙做棉花生意，后来又与人搭股开茶叶店，资本越积越厚，到清中叶时，在通北、竹行、白蒲 3 处各开了一家当铺。当时，五房子弟的生活全由当铺供给。

---

① 原载 1924 年 12 月上海出版的《微音》杂志第十七、十八期合刊。

民国年间仁里人在南通开设当铺的当铺街

徽商一条街

光绪年间（1875—1908），程序东跟随父亲程午桥在通州经营 6 爿衣店、9 爿典当铺，后又在南通和绩溪增设多家钱庄，并于浙江寿昌、分水及绩溪祝三购置大面积竹山、良田，成为绩溪岭南首富。登源里民谚 ：“一南观不及汪村一老鉴，一汪村不及仁里一序东。”

程序东创办恒丰典当铺 清光绪二十年（1894），程序东在县城创办恒丰典当铺，独资经营，全店职工 20 余人。该当铺地址在现县总工会右侧的小巷内，这条小巷曾称当铺巷。

清末汪振淦杭州创业 清咸丰年间（1851—1861），辛田村人汪振淦在杭州涌金门摆炒货摊。涌金门为近郊集市，岔路口有座金华庙，平日来烧香的人络绎不绝。他们的炒货摊，把家乡秋收后的豆类、花生边炒边卖，还兼卖香烛，晚间，还为糕饼作坊加工剥制松子仁、杏仁、桃仁、山核桃、瓜子仁等原料。数年后，有了“玉琳斋”老字号店铺，经营的种类更多，有自制的糕饼、炒货，还有桂圆、荔枝、木耳、香菇、虾米、柿饼等南北货。

清末程怀源三代金华从商 新中国成立前，浙江金华、兰溪、游埠各有爿“祝裕隆”布店，系徽州人替兰溪祝氏大家族经营的股份制大企业。店主是兰溪人祝湘岩，由于依靠徽商精心经营管理，资产不断增值。该店有个规矩 ：对贡献大的员工论功行赏，其子侄可进店当学徒，有子承父业等优惠条件。仁里人程怀源的儿子程怡生、孙子程源樟都是因此规定进店的。兰溪有句俗话 ：“进了祝裕隆，一世都不穷。”程怡生在金华“祝裕隆”40 余年，直至终老，程源樟于 1937 年进游埠“祝裕隆”当学徒，后为该店的会计。

程和生 50 年溧阳从商 仁里人程宗钰，又名程和生，20 世纪 30 年代 ，他 14 岁时跟随二哥去江苏溧阳“汪德隆”酱园店当学徒，三年后上柜台，学珠算、记账、经营，兢兢业业，成了店里的骨干。他有了积蓄，在外参了一点股，在故里买了一点田。抗战期间，一次日军飞机轰炸，程和生幸免于难。他用半爿店面坚持营业。程和生一直在“汪德隆”从商，65 岁时才告老还乡。

◉ 重点企业

大有采金公司　20 世纪初叶，英商凯约翰到绩溪勘察金矿，准备开采，与仁里富商程序东、程松堂合组大有采金公司，开采和阳金矿，为绩溪第一家中外合资企业。后因矿石品位极差、价贱、采矿技术落后而停办。

民国芜湖明远电灯公司　创办人程次濂是仁里巨商“浩有派”后裔，家境富有。程次濂青年时对电气知识尤感兴趣，清光绪三十年（1904），集资百万股创建芜湖明远电灯公司，该公司为安徽第一家电力工厂。公司占地约 20 亩，发电机由德国进口，资本 16.8 万两白银。1907 年，电厂建成投产，年发电量 2160 千瓦，全厂职工 80 余人，为 20 世纪初期芜湖近代工业的起步做出了贡献。程次濂为第一任总经理，但其对电气事业不善于经营管理，连年亏损，资金周转不灵，借贷无门，后辞去职务回归故里，由股东之一的高迁人吴兴周任第二任总经理。1952 年，明远电灯公司公私合营，改名为安徽省芜湖市电厂。

大仁丝厂　仁里村的养蚕业历史悠久，始于唐光化元年（898）。仁里蚕丝业发展的第一高潮是在民国后期，几乎家家都利用房前屋后、田间地头、圳塍地塝等空地栽桑（多为高秆桑）养蚕，且趋向规模化发展。1941 年 5 月，浙江绍兴实业家沈一龙受富华贸易公司苏浙皖分公司（设于屯溪）委派，到仁里北门外投资建立大仁丝厂，厂址在石洞山南麓。当年建成投产，沈一龙为首任厂长。生产设施有缫丝车间（缫丝机 48 台）、绷绵车间、煮茧车间、拣茧车间、抽水机房、锅炉房；有职工 700 余人。至此，仁里的蚕桑业实现了栽桑、养蚕、缫丝一条龙。后来由于战争，时局动荡，丝绸销售受阻，产品滞销，桑园渐渐荒废，蚕丝产量锐减。1945 年 11 月，第三任厂长毕墨彭返回无锡老家办厂，即宣布大仁丝厂停办，将机器设备运走。

新中国成立后，党和政府大力扶持蚕桑业，蚕茧产量逐年递增，经济收入可观。养蚕成为村民发展家庭经济的首选。

大仁丝厂厂徽　程扶雪　摄

仁里实业有限公司 前身为仁里元钉厂。1984年，仁里人汪福明邀集梧村汪观益、汪小龙等人，在梧村洪家祠堂办起了仁里元钉厂，生产黄山牌元钉。1994年，以股份制的方式成立了仁里实业有限公司。汪福明任董事长兼总经理。公司成立后，即在仁里村马腰岭处征地十余亩另建厂房，扩大生产，除生产元钉外，又建起了拉丝车间，生产各种不同型号的铅丝，也做钢材销售生意，年产值1000万元以上。为绩溪县较早上规模的村办企业。

五蜂园蜂业有限公司 公司成立于2000年4月，地处仁里村，是省内从事育种、饲养、蜂产品收购、加工、销售及服务的规模较大的省级农业产业化龙头企业，拥有行业先进的GMP十万级无菌生产车间和现代蜂产品加工生产线及三大养蜂基地。年生产、加工、销售蜂蜜10000吨、蜂王浆800吨、花粉500吨、蜂胶20吨，并相继开发蜂蜜、花粉、鲜蜂王浆、蜂王浆冻干粉含片、蜂胶软胶囊等10个系列近50个品种产品。2001年注册了“五蜂园”商标，2002年获自营进出口权，是中国蜂产品协会会员，企业及法人先后被市政府、省政府评为优秀营销大户和安徽省百佳致富带头人。2008年，通过ISO9001:2000质量管理体系认证、HACCP食品安全管理体系认证，并获得“安徽省名牌农产品”“宣城市首届十佳旅游产品”“国家级农业旅游示范点”等称号。2013年5月，“五蜂园”牌蜂胶软胶囊获得国家食品药品监督管理局国产保健食品批准证书。公司与上海冠生园建立了合作伙伴关系，是其四大原料基地之一。公司组建了绩溪养蜂协会及

五蜂园蜂业产品展示

谷风兰园花卉

五蜂园蜂业专业合作社，建立了有机生态养蜂基地和严格的产品溯源管理体系，辐射带动绩溪及周边县市5000余户蜂农饲养蜜蜂9.6万群，加工生产各种蜂产品10000余吨，年产值超1亿元。

绩溪县龙川种植专业合作社 花卉专业合作社，成立于2007年11月，位于仁里村华龙公路旁。拥有9000平方米标准化花卉苗木培植大棚，基地面积350余亩，资产总值达841万元，拥有102名社员。2008年，被评为市级规范合作社。2009年，被评为市十佳合作社。2012年，被认定为宣城市市级林业产业化龙头企业。

该合作社基地——“谷风兰园”重点培育大花蕙兰，在每年11月上市。该合作社的谷风兰园是南方唯一的大花蕙兰种植基地。

上河徽院养老中心 位于忠周村东南，与仁里隔河相望。2014年6月1日开业。该中心占地280亩，一期公寓设立床位2000张，建有10000平方米园林绿地。中心推行社会化的养老方式和会员制的形式运作管理。

上河徽院养老中心

仁里·上河徽院　　纪世全　摄

崇文重教

绩溪号称“东南邹鲁”之地，“邑小士多，绩溪为最”，“十户之村，不废诵读”。仁里村素有崇文重教、贾而好儒的传统。历代先祖乐于通过严明家风，或开设书院、家塾以教化子弟。仁里村在五代后唐清泰年间（934—936）创办南窗书舍，是安徽省见诸记载最早的书舍。北宋元丰年间（1078—1085），仁里文风蔚起，书院大兴。元至元十六年（1279），办有翚阳书院。明代又建石泉书院和南岗书院等。清光绪年间（1875—1908），村人首建思诚学堂，后又建端本女学，开徽州新学教育之先河。

登水悠悠仁里天，桃花坝下有诗篇。崇文重教思诚路，开创徽州新学园。
学子莘莘精英起，春风化雨百花妍。龙屏山下书声朗，祝贺思诚百余年。

◉ 科举教育

书院、私塾 唐朝，绩溪汪氏四十三世孙在汪村（后改称闾川）桥头创办私塾，聘歙县名师教族中子弟。

五代后唐清泰元年（934），程药之孙程惟玩办南窗书舍。

元至元十六年（1279），梅州同知程璲，辞官后在村中创办翚阳书院。因创办较早、规模大、接受教育人数多，为当时徽州教育界翘楚。明弘治《徽州府志》卷五《学校》载："璲先世累世簪缨，因念遗泽，构此院以教育子姓与其里之后（俊）秀者。"元朝末，书院遭兵燹毁。明朝弘治初年重建，恢复翚阳书院。

明代，程世卿创办了南岗书屋和龙屏书院。嘉靖年间（1522—1566），兵科给事中程辂罢官回乡，在南窗书舍旧址上创办了石泉书院，又在县城创办怀竹书屋。石泉书院遗址及门楣尚存。

清乾隆年间（1736—1795），程士尹的继夫人胡氏（人称"十家太太"）精心教育子孙，子孙多有出息。另外，"塘塝十家"在同期也建有私塾。程孝先创办了柳庄精舍。程途远构建涵清书屋，立平（屏）山文社。其弟程途万“尤喜奖劝后学，鼓励人材”（清嘉庆《绩溪县志》），助兄办学兴教。此外，村里建过龙麓草堂，具体创办年份和创办人不详。清末，程序东、程松堂、程勉侯、方来善等家族都建有私塾。

科举成果　明洪武二十六年（1393）至清光绪二十六年（1900），仁里村共有 8 人中进士，6 人中举人。

仁里进士一览表

表 2

姓名	中进士时间
程通	明洪武二十六年（1393）
程溥	明成化十四年（1478）
程定	明弘治十八年（1505）
程辂	明正德十六年（1521）
程鹄	明天启元年（1621）
程瑄	清乾隆二十五年（1760）
程球	清乾隆五十九年（1794）
程秉钊	清光绪二十六年（1900）

仁里举人一览表

表 3

姓名	中举时间
程宗富	明洪武二十二年（1389）
程修	明洪武二十二年（1389）
程通	明洪武二十三年（1390）
程邹容（又名程还竟）	明永乐十一年（1413）
程扶典	明万历年间（1573—1620）
程鹗	不详

◉ 新式教育

思诚学堂[①]　清光绪二十九年（1903），朝廷颁布《奏定学堂草案》，改旧学为学堂。在通州（今南通）经商的仁里人程序东、程琇斋、程松堂、程石堂等，决定出资在家乡仁里创办一所新式学堂。学堂于同年冬建成，全称为“思诚两等小学堂”。校址在

① 原载《思诚百年》。

程序东家塾原址龙屏山麓，占地 0.33 公顷，依山势拾级而建。主体教学楼有三层。底层有教室、师生宿舍、延宾室、办公室（花厅）、图书馆、乒乓球室等。二层两边是教室，中间是礼堂。三层楼上悬挂有一口大铜钟，以钟声为师生作息信号。学堂院内还建有厨房、饮茶处、漱洗处、厕所等。最上方辟有小操场，安装有篮球架、单杠等体育设施。学堂聘请名儒胡晋接为首任堂长，主持教务。胡晋接出身于县城书香世家，其父也是徽州理学鸿儒，主持县城东山书院多年。学堂以相当于当时大学教授的薪俸（初为年薪 400 元，之后因经济困难减至 240 ~ 260 元），先后聘任 20 余人担任教师。

1904 年，学堂正式开学，招收了第一批学生。学制初等五年（后改为四年），高等四年（后改为三年）。稍早创办的孔灵学堂随即并入。学堂创立伊始，就内设蒙养班，接收幼儿入学。蒙养半年，秋季升入一年级。胡晋接提出“信实、敬爱、整洁、秩序、节俭、公德心、责任心”修身教育准则，制订百条学生守则，促进学生德、智、体、美、劳全面发展。学堂设国文、英文、数学、自然科学、社会科学、体操、劳作等课程。国文以《孟子》为课本。老师们还自编教材，将优秀传统文化循序渐进地介绍给学生，将文学史上的一些趣味小故事穿插课中。数学老师以一些经典应用题与学生展开讨论。

因办学成绩突出，思诚小学堂声名远扬。县城、十五都以及歙县等地的学生纷纷前

百年名校思诚小学

解放初期，仁里思诚学堂旧貌

思诚学堂校徽

来就读，学生人数猛增至 100 余人，外地学生可在学校食宿。1912 年，小学堂改称为小学校，蒙养班改名为蒙养园。次年，胡晋接调离。程序东接任校长。1917 年，程竹山接任校长。

思诚学校是最早贯彻实施陶行知教育理念的学校，制作“生活即教育，社会即学校”楹联，挂在学校大门两侧，并做到教学做合一。推行“小先生”制，中年级以上的学生负责教低年级学生和成人认字。

民国初年，程序东等的店业逐渐衰败，向学校的捐款次递减少，思诚学校陷入了困境。代校长程翼堂与教师程东屏外出向旅外同乡劝募，向乡人募得 9000 余元。每次募捐回来后，程翼堂都要在朝会上发表演讲，介绍募捐经过，鼓励学生好好学习、回报社会，并制作捐赠榜悬挂于迎宾室内。募得资金后，学校添置了风琴、地球仪等多种教学设备，重新聘请了一批名师执教。

1934 年，程翼堂升任校长。他重新制定了一整套校规。每天早上先开朝会，听教师训话；每周一在大礼堂举行总理纪念周，先读总理遗训，再由值周老师讲话，回顾上周情况，表扬好人好事，对学生不足之处耐心说服教育，接着高年级派 1 ~ 2 名学生演讲，锻炼学生口才；周六下午开完周会才能离校。

学校开设国文、数学、自然、地理、美术、英语、音乐、选文、体操、手工等课程。学生除读书外，还组织开展各种有益活动。校内开设小卖部、图书室等，全由学生自行管理。院内开辟了一个比上操场大一倍的下操场，添置了篮球架、单杠、跷跷板、荡船、沙坑、秋千等多种体育设施。体育课上，有时上兵式操、哑铃操和徒手操。教师程虚谷不时编排一些课本剧、相声、活报剧、戏剧小品。他挑选一批爱好戏曲的学生，集中在百忍堂，从歙县请来京剧名家对他们进行培训，培训剧目有《空城计》《打棍出箱》《满春园》《杨香武三盗九龙杯》等。学校还在离村2.5千米的耿川开设农场，种粮食、果树和药材。每学年举办一次恳亲会，邀请家长到校座谈，观看文艺演出，陈列学生作业，请家长审阅。教师每年对每个学生进行一次家访，对困难学生，学校都给予无私援助。

思诚学堂师生课外活动（1964年）

1940年，小学校改为国民学校。1942年，改称登源乡龙鹤保中心小学。一度乡长兼校长，人事调动频繁，人心不稳，教员待遇微薄，政府每年补贴有限，学校经费靠收学金来维持，入不敷出。教师主动减薪应对时局。教具设备因无专人管理，破损却无钱整修，交接手续不正规，损失惨重。校舍年久失修，楼濒临倒塌，全体师生只好搬到下祠堂上课。

思诚两等小学堂的创办，开徽州地区小学教育之先河。其他乡镇也先后办起新式学堂。清宣统二年（1910），程松堂在仁里创办了端本女校。

思诚学堂以“以德治校”的教育理念培养了一批德才兼备的国家栋梁。早期思诚学子中，大部分毕业后升入上海南洋公学、徽州第二师范学校、绩溪中学、上海复旦公学、上海中国公学、上海同济大学、上海正风文学院、浙江之江大学、天津北洋大学、南京金陵大学继续学习，有的还去日本、苏联等国留学深造。早期的省立图书馆馆长胡翼谋、教育家程本海和程宗潮、使用标点符号分隔古典文学第一人的汪原放、铁路建设先驱程士范、国家出版局原副局长王子野、台湾翻译家楚如、数学家程仰垓、思诚校长程翼堂等，都曾在思诚学堂（学校）接受过小学教育。

战时小学 1937年，抗日战争全面爆发后，日军飞机数次轰炸绩溪县城。许多城里学生到仁里躲避轰炸，村里成立战时小学，为失学儿童提供学习机会。学校设在程潜岩家中。战时小学除日常教学外，着重开展抗日宣传教育，教学生唱《义勇军进行曲》《松花江上》等抗日歌曲，向学生讲述分析全国各地的抗日形势。校长程翼堂亲自画东北三省地图，并在地图上打个大大的惊叹号，悬挂于墙上，告诉学生要勿忘国耻，保家卫国。

为防空袭，课堂有时设在毛儿岱野外。学生自己动手制作能随身携带的简易课桌，自带午饭和水，教师背着黑板、教鞭到野外上课，这样度过了两三个月。当听到空中传来飞机的声音时，师生就手拉着手，飞快穿过树林，躲进防空洞里。敌机离去，师生又跑出防空洞，继续上课。

◉ 当代教育

幼儿教育 仁里的幼儿教育起步较早，新中国成立初期就有独立幼儿班，由公办教师担任幼儿教养员，简单教一些识字、算术、唱歌、做游戏等课程。“文化大革命”期间，幼儿班改称红儿班。20 世纪 70 年代末，随着计划生育政策的实施，幼儿人数渐渐下降，幼儿班并入小学。学校操场上配有专供幼儿活动的秋千、荡船、滑梯、跷跷板、沙坑等，幼儿活动内容丰富多彩。幼儿教育工作重点在行为习惯养成、健全人格教育、促进幼儿身心健康。

小学教育 新中国成立初，登源小学（即原思诚学堂）改为仁里小学。受血吸虫病的影响，当时适龄儿童人数很少。学校动员农家子弟上学，女童上学人数渐增。学校经费，包括教师工资，全由政府负担。20 世纪 80 年代末，忠周村旅台人士周学剑在仁里小学设立“周门奖学金”，1996 年停办。

1993 年，县政府决定拨付 6 万元“希望工程”资金，在仁里兴建全县第一所希望小学。希望小学于 1995 年 12 月在思诚学堂原校址上破土动工，占地面积 780 平方米，建筑面积 693 平方米。1996 年年底建成。之后，又陆陆续续接受了社会各界的捐助，改善了办学条件和学校的整体环境。2002 年，旅居台湾的程本海之子程源申设立“程本海奖学金”，每年出资 2000 元，奖励仁里思诚希望小学品学兼优的学生。2015 年停办。2004 年 4 月，浙江大学计算机学院赠送思诚

颁发奖学金（2003 年）

仁里初中班首届毕业生合影（1973 年）

希望小学电脑 7 台，建“爱心机房”。上海冠松集团公司与思诚希望小学结对，先后 3 次向思诚希望小学捐资捐书、赠订报刊，累计价值 30.3 万元。2007 年 3 月，省教育厅赠送思诚希望小学电脑 30 台。

仁里村还有閶坑、辛田、耿川、忠周 4 个自然村曾办过完全小学或初级小学，已停办。

中学教育 1970 年，仁里小学“戴帽子”办初中班[①]，校舍不够，借用大队剧场、文化室、大队部作教室。大队通过聘请和从小学部中抽调的方式为初中班配备师资力量。安徽教育学院教授程颖之、原南京鼓楼小学校长程宗钧、原中央大学教授程宗潮义务任教学顾问，编印教材讲义，指导教学工作。首届初中班招了 26 名“文化大革命”中辍学在家的前几届学生。办学资金不足，周坑、永忠两个生产队拨了近 50 亩耕地给初中班办农场，年总产值 500 ~ 600 元。每个星期安排有劳动课，师生共同参与农场和中草药厂的劳动。1972 年年底，首届毕业生毕业。毕业生通过考试与推荐相结合的方式，毕业升学考试中，全班平均成绩名列全县“戴帽子”初中班榜首。1973 年上学期结束后，初中班撤销，下学期的学生转入绩溪中学。1976 年，复办初中班。民师的工资采用公办民助的形式，即县教育局拨一部分，生产大队按指标分配到各生产队解决工分粮。1977 年，恢复招生制度后，学校教学工作逐步走上正轨。增设了英语

① “戴帽子”办初中班：指在原有小学校基础上增建初中班。

仁里扫盲班毕业纪念（1956 年）

课。1979 年，由于生源逐渐减少，师资力量不足，县教委下文，将仁里初中班的初一班、初二班并入瀛洲中学。

成人教育 新中国成立后，仁里村曾多次开展扫除文盲工作。1950 年开始，村里创办了一所业余扫盲学校，仁里小学教师夜间到校兼课。动员全村不识字的村民入学，利用夜间、雨天和农闲时上课，一切费用全免。课程设有国语、数学、自然科学、音乐、政治、文艺宣传等等。先读报纸，再授文化课。教师们自编了语文参考教材，并在街头巷尾插认字牌，在生活用品或农具上贴上物品名，教学形式生动活泼，不拘一格。夜校教唱《解放区的天》《大刀进行曲》等革命歌曲。经考试合格，发毕业证书。有的学生成绩优秀，考试合格后直接升入绩溪中学。外地嫁到仁里村的妇女，如不识字，新婚后就会被动员参加扫盲。仁里村用了不到 5 年时间，在全村基本扫除文盲，被省命名为“文化村”。

20 世纪 70 年代末至 80 年代初，针对新生代的扫盲工作再一次在仁里掀起高潮。教师仍由小学教师兼任。村民利用雨雪天或农闲时参与脱盲学习。

仁里村还对农民进行科学技术培训。多次举办农机、蚕桑知识、植保等培训班，村中中青年分批次接受各种培训。

仁里村文化广场

◉ 体育活动

学校体育 仁里体育设施历来较好，创办思诚学堂伊始，就在校园内建有一个小操场，安装有双杠、篮球架等。20 世纪 30 年代，又在园内开辟了一个大操场，有秋千、双杠、荡船、篮球架、沙坑等多种体育设施。

新中国成立后，仁里学校的体育课形式活泼，在体育老师的指导下，每次在中心小学和县小学生运动会上，学生都能获得较好成绩。

全民健身 仁里村群众体育活动比较活跃，村中设有篮球场，建有村民健身广场。村民自发组建了民兵篮球队，球队与周边村和其他乡镇经常开展比赛活动。

参加棋类活动的人数也较多，以男性为主。女性村民主要开展扭秧歌、广场舞等活动。

乡土文化

“一方水土养一方人。”千百年来，奔腾不息的登源河水，滋养了仁里人。人们在这块热土上劳作生息，在漫长的农耕生产和社会活动中，感受生活，热爱生活，凭借着深厚的徽文化底蕴，创造出丰富多彩的语言文化、民间文学、戏曲艺术、徽派手工技艺，仁里的乡土文化散发着原汁原味的乡土气息，蕴藏着对故土家园的炽热情感。

◉ 文化设施

万年台 明朝以来，徽俗庙会渐多，逢会必搭戏台，费时费力。在宗祠倡导下，决定于南门外建造万年台。万年台为砖木结构，花砖高脊，飞檐翘角，雕栏朱楹，富丽典雅。前台左右侧为月宫式的门户，题额为“龙翔”“凤舞”；台肚绘有“丹凤朝阳”彩图；进出后台的门楣上左题“出将”，右题“入相”。1921 年，程东屏书写戏台联，上联为“趁秋社同乐心声，何必慕广寒霓羽”，下联为“招梨园以陈往鉴，恍然睹京雒冠裳”。

万年台为仁里村大型活动及常年演戏的场所，台下广场有 1000 余平方米，能容纳近 2000 人。有花朝会、扮地戏、舞龙、舞狮等庙会活动，有村人自演剧目和外请徽剧班、目莲戏班演戏等，还有各种祭祀活动。八社花朝会因为隆重和繁华，要再搭两座临时戏台才能满足使用要求。附近小村的戏剧演出有时也到万年台来进行。台下广场还有众多摆小摊、卖小吃的。

新中国成立后，戏台不再是单一演出的舞台，有时成为一些大型会议和集会的主席台。1958 年后，演出渐少，被生产队改做仓库后，万年台被拆毁，改建民房。

仁里除了万年台这座老戏台外，还有一个新戏台。“文化大革命”时期为演样板戏，把下祠堂世忠祠的前进仪门厅改建为戏台，2006 年祠堂翻修时拆除，恢复仪门厅原貌。

思诚书屋 思诚学堂辟有东、西两个花园，东花园深处为校图书室，即思诚书屋。

思诚书屋两边为大玻璃窗，中间四扇徽式木棂门，内立两张立式书橱，分为 4 层。藏书大多是儿童读物，有童话、小说、谜语、地理、历史、科学小故事等，连环画是最受欢迎的读物，也可写个借条，将长篇小说带回家阅读，一周内归还。管理员由学生轮流担任。

2006 年，仁里村成为全县新农村建设试点村。2008 年，兴建农家书屋，图书存放在思诚书屋，至 2015 年，共有藏书约 4000 册。

村史馆 仁里村史陈列馆位于村中心的光启堂。光启堂为村中主要活动场所，自 2010 年 11 月起，天天向村民和游客开放。光启堂中进享堂（正堂）的板壁上书写一对长联：“守本溯源仰先贤先哲，文武双全治国安邦业绩辉煌光史册；箴言醒世慕娇子娇孙，德才兼备攀蟾摘桂精英济济耀程门。”两边的墙上挂有彩色宣传展板，十大板块以大量的图片和文字系统介绍了仁里村的历史文化及习俗，内容包括千年仁里、独具

村史馆

一格的村落布局、名人荟萃（八大古今人物）、《程氏家训》和《三字经》、仁里古八景、书院文化、商道文化、水井文化、程氏家训四同歌、古祠堂文化等。后进的寝殿中，两个玻璃展柜里陈列介绍仁里历史文化的读物，有《千年仁里》《忠诚百年》《名人故里绩溪》，还有老照片等；墙上悬挂 8 块介绍仁里村名人文化轶事的展板，介绍古今名人的艺术成就、往来书信、出版的书籍等。通过直观、形象的全方位展示，使每一个到仁里的客人对古村的历史脉络有系统全面的了解，对新农村建设带来的发展变化有直观的认识。

农家书屋 仁里自古文风昌盛，学风浓厚，文脉发达，家庭藏书很多。

1964 年，将村俱乐部改为文化室。文化室有 200 平方米，1966 年设图书室，置有 2 个大书橱，上下 4 层，程东屏后人捐助桌子 20 多张、板凳 50 多条。书屋有图书 800 多册，部分图书从县图书馆借来，3 个月一轮换，程日平用扁担挑来，一次 300 ~ 400 册书，有小说、故事、农业科技书籍，还有杂志、连环画等，成了一个流动图书室。发放借书证 200 多个，很受村民喜爱。

文化室成立后，辟有报纸阅览室，订阅报纸和杂志数十种。

◉ 乡村娱乐

电影放映 仁里村放映电影最早始于 1951 年，由县电影队在万年台放映战斗故事片《重返前线》，自备发电机。村北广场也是一个放映场所。每一次放电影，由村里出劳力，去县城或到上一个放映点去抬、挑放映设备。当时看电影犹如村民一个盛大的节日活动，大家早早在场地上摆放板凳，附近村民一吃过晚饭，就举着火把、打着手电筒赶来。

1961 年，县电影队在上、下祠堂放映电影，售票观看，几分钱一张票。1982 年 1 月，村里办起电影队，有 1 台 8.7 毫米放映机，村民看电影更方便了。两年之后，村又购买了一台 16 毫米放映机，两台放映机交替连续放映。1990 年后，彩色电视机普及，电影放映逐年减少。

广播喇叭 仁里的有线广播从 1957 年开始，通过电话（摇把）线把县广播站的信号传到乡村，村里只有三四户人家安了广播喇叭，广播线从位于百步钦街的大队部牵至村民家中。1969 年 4 月，瀛洲乡建起了广播放大站，有线广播免费普及安装到每家每户，每天早、中、晚 3 次收听，给村民生产生活带来了方便。1996 年以后，因有线电视的普及，有线广播退出历史舞台。

戏曲表演 仁里人好看戏，也喜欢演戏。“正月半”打狏、“二月半”花朝会、八月初一扮地戏等，每逢佳节必有戏。

1998 年版《绩溪县志》记载：“伏岭鱼川人程干卿，民国二年学徽调，后组班开唱，县政府赠匾‘国乐社’。其子敷谟授徒颇多……仁里、上胡家、方家湾等班均其徒。”“民国时期有金山、宅坦……仁里等业余徽班，季节性演出。”村人流传着一句顺口溜：“上门[①]狮，下门狏，东井屋基好拼台。”意即上门人家舞狮舞得好，下门人家戏唱得好，东井地坦宽广好搭台演戏。

新中国成立后的第一个春节，乡民组织排练了大型歌剧《血泪仇》在村里演出，后又受邀去瀛洲、大坑口、扬溪等地演出，很受欢迎。1954 年，成立业余剧团。1956 年春节大演徽戏欢庆，有《龙凤锁》《玉堂春》《泪洒相思地》等剧目。之后，演戏以京剧为主，导演、演员、乐手由村民担任，灯光、化妆、布景等也均由村民负责。为提高演出水平，曾从歙县请来大师“矮八顺”坐镇执教。表演的剧目有《玉堂春》《满春园》《吊金龟》《空城计》《伍子胥过昭关》等。

1951 年，村里成立俱乐部，进一步组织管理演戏和提供后勤服务。1958—1963 年，只有 40 多户人家的忠周村，一连排了 7 场京剧大戏，导演、乐队、演员都是本村人，剧目有《水淹七军》《失街亭》《吊金龟》《苏三起解》等。“文化大革命”前，仁里村请县黄梅剧团老师，由京剧改排黄梅戏、话剧、歌剧等，排练现代戏，剧目有《红霞》《祥林嫂》《打猪草》《打铜锣》《补锅》等。

文艺宣传队 1938 年寒假期间，在外读书的学生回到家乡，成立了一支由十余人组成的抗日宣传队。

宣传队主要活动内容有张贴标语、编写墙报、表演抗日戏剧。精彩戏剧节目有《放下你的鞭子》《死里求生》《最后的枪声》等。活动范围上至瀛洲，下到湖里。白天张贴标语，宣传演讲，晚上演出。特别是活报剧《放下你的鞭子》，剧情演到高潮处，观众将一把把铜钱投向舞台。宣传队把收到的款物送往县城洪川九二兵站医院慰问伤兵。

1966 年“文化大革命”开始后，仁里组织毛泽东思想文艺宣传队学唱样板戏，在下

---

① 仁里下祠堂分上、下门两派。

祠堂的新戏台演出。当时受到观众称赞的革命样板戏有《智取威虎山》《红灯记》《沙家浜》，还有话剧《祥林嫂》。1969 年年初，受歙县邀请，宣传队在南乡黄村、大阜、霞坑一带演出《智取威虎山》十多场。1971 年年初，宣传队到县城参加全县文艺调演，表演《沙家浜》第二场，获得好评。

民歌演唱 仁里民歌在明末清初时兴起，有一个民歌群体，历久不衰，流传下来许多内容丰富、曲调优美的山野民歌，仁里被人们誉为“民歌村”。仁里民歌曲目繁多，形式多样，有的表现百姓劳动欢乐，有的抒发妇女对在外经商丈夫的思念之情，有的反映百姓积极投身革命的壮烈情怀，如《十绣鞋》《插秧苗》《采桑》《送郎当兵》等，旋律为小调式，舒柔委婉，明快细腻。1959 年，民歌《十绣鞋》参加全省调演，获得二等奖。

民歌演唱

民歌《十绣鞋》表演

在宣城市举办的“欢乐中国行·魅力宣城”大型综艺晚会上，一曲《十绣鞋》携原汁原味的徽州风味登台表演。省级非物质文化遗产代表性传承人、87岁高龄的程联芳带领仁里5位农民演员，用绩溪方言演唱原生态民歌，得到3万多名在场观众的喝彩。

2008年，仁里村民在老年协会会长的组织下，成立了“夕阳红”老年俱乐部，挖掘整理流传在仁里的古老民歌，按照民歌的内容自编舞蹈，组织了十几名60岁以上的老人成立民歌演出队，在下祠堂为游客表演。演员服装样式都和100多年前一样，身着蓝底白花的衣服，脚穿圆口绣花鞋。

在村两委的大力支持下，仁里村开展民歌进课堂活动，民歌的保护工作有了显著效果。

◉ 传统文化艺术

五彩狮　仁里舞狮的狮为五彩狮，狮子雌雄一对，还有一头小狮子。舞狮演员都是从村里能吃苦耐劳的青年人中精挑细选出来的。

舞狮分舞台表演和街游表演。

舞台表演有全堂狮和闹花灯。全堂狮，演员要着狮球出场，母狮在锣鼓声中登上两桌高的台盘，腾空翻跟斗落地登台（有时能翻3张桌子），接着摇头摆尾地迎来雄狮。雄狮也在同一位置腾空翻跟斗追随入场。而后文场改用慢节奏，双狮表演配合有序，动作滑稽、逼真。高潮过后，母狮退到后台。雄狮单独表演舔脚、抓痒、捉螨、除蚊、除蝇等动作。狮子闹花灯一节特别精彩。雄狮子叼着系有红头绳的圆花灯，与花灯嬉戏。还表演打瞌睡被蚊蝇咬醒，打滚驱赶昆虫、搔痒、显爪子、爬屋柱等动作。随即文场改成最慢节奏，母狮子表演分娩和调教小狮子等各种动作。整个演出耗时两个多小时。

街游表演，一是在村中央表演，二是进村民家表演。在家中表演分全堂狮（一般同舞台上一样）和麻糖狮两种。全堂狮大多是新婚夫妇及其家人邀请来的。表演时，要将小狮子在新婚夫妇床上装扮好，顶着盖被、穿着新衣带到堂前表演生下来，表示“狮送子”，预兆怀孕大喜、来年生个胖小子。跳麻糖狮很简单，打个跟斗，转上几圈，家中小孩从雄狮口中钻出来，“过狮子口”，表示消灾除邪。跳麻糖狮不收钱，吃点麻糖就行了。全堂狮随主人的意愿付酬。

1956年，仁里的舞狮获得徽州地区一等奖，参加全省调演。

舞草龙 仁里的舞龙为舞草龙，时间在八月中秋的夜晚。村里的年轻人用稻草和稻草绳扎好龙身，到纸扎店取来篾扎的龙头、龙尾，安装成形，用木棍撑起，绑扎牢固，上面插线香、蜡烛。舞龙开始前，先点上香烛，舞龙头的人带领大家向龙叩拜。仪式后，一人手提“明珠”在前引导前进，七八个人高举着龙身、龙尾，追随龙头，上街舞龙。每到一坦场，在锣鼓声中大舞一番，爆竹齐鸣，“滚龙”“盘龙”“腾龙”等招式变化多样。

走街串巷的舞龙则先从村头进入。走到店家门口，唱道“龙头伸一伸，日日进斗金”，敲锣打鼓，店家高兴就给个赏钱；若店家吝啬，就唱“龙头回一回，账钱讨不来”；若店家一毛不拔，就唱“龙尾抖一抖，来年生个小阿斗”。舞到居民门口，若户家缺男孩，就唱“龙头摆一摆，来年生个小老板”，若缺女孩，就唱“龙头伸一伸，来年得个小千金”；若有人在外做生意的，就唱“龙头回一回，来年更会发大财”；若有人在外做官的，就唱“龙头伸一伸，官位年年升”。游龙活动中，有送香烟的，有送月

龙腾古码头　　丁晓文 摄

抬花轿　　丁晓文　摄

饼的，也有点香烛、放爆竹的，还有送红包的，等等。

舞龙完毕，把草龙送到龟山脚下水口深潭里，让其顺水流而去，并祈祷："今年去，明年回，请给村子带个好运来！"

抬花轿　抬花轿是仁里古时婚嫁习俗之一。结婚当日，用花轿将新娘抬到新郎家。花轿又称彩轿，用红色绸缎做成轿衣，在四周用彩线绣出"百年好合""龙凤呈祥""花好月圆""双燕齐飞"等喜庆图案。

大红花轿用实木制作，大多由 4 个轿夫肩抬。抬花轿分平抬、闹抬、戏抬 3 种，要求步调一致、行动统一。抬轿途中，如遇转弯、沟坎时，由前面的轿夫喊出各种"彩头"予以提醒。平抬，即抬着花轿平和赶路，新娘坐在轿里感到惬意舒适；闹抬，就是喊起号子，吹奏乐曲，鸣放鞭炮，场面格外热闹；戏抬，就是花轿快要接近男方家大门时，轿夫采取摇、摆、抖等动作，使花轿处于晃荡状态，用以戏逗轿内的新娘，呼唤新郎家快来接轿。随行人员伴之喊叫、起哄，为轿夫助威；乐队随之高奏鼓乐，为轿夫鼓劲；迎亲者也随之抛出彩礼钱，以示大喜大庆。抬花轿的形式变化，使其成为迎亲途中最为热闹壮观的场面。

随着社会的发展，用花轿接新娘逐渐由汽车替代了。仁里村将抬花轿作为传统文化完整地保留下来，并进行了艺术提升。2006 年起，抬花轿作为旅游节目，由村中老年演出队担任。街游时，前面有两人高举大红“喜”牌引导，花轿紧随其后，再后是长长的腰鼓队，敲着整齐的鼓点，一干人踏着节奏，场面喜庆而艳丽。此档旅游项目，游客能参与互动，充分感受徽州文化的魅力。

耿氏制墨 绩溪为徽墨发祥地之一，制墨始于宋朝，明清时期最为鼎盛，作坊很多，历来生产上等徽墨。徽墨四大家，绩溪人占其二，汪近圣、胡开文闻名海内外。

仁里耿氏自宋代后始制墨。据清光绪三十年（1904）进士、徽州最后一个翰林许承尧著《歙事闲谭》下册第 20 卷“耿遂仁”条，宣城麻三衡、孟琦著《墨志》记载：“南唐时歙州人耿遂仁，善制墨，子耿文政、耿文寿，能世其业。又其时有耿德、耿盛，俱善制墨，疑亦歙人。”张南等著《简明安徽通史》第六章《两宋时期的安徽文房四宝》一文中指出：“以歙州为中心的制墨业蓬勃发展，制墨高手丛出，如耿文政、耿文寿等。”其时，绩溪属歙州，而歙州仅仁里一家耿姓。据徽学专家鲍义来推考，此歙州耿姓即绩溪仁里人氏。

《（乾隆）歙县志》（1771 年刊本）则记载：“墨虽独工于歙，而点烟于婺源，捣制于绩溪人之手，歙唯监造精研而已。”

徽墨墨名中，有“仿耿墨”，就是为了彰显徽墨的辉煌历史而留下的墨名。

明末，仁里耿氏迁徙外地，制墨业随之中断。清末，程松堂家中开有制墨坊和制纸坊（澄心堂纸）。现仁里村为了适应旅游业的发展，恢复了徽墨的原始制作技艺。

仁里制墨

◉ 民谣

脚

一只脚咚呵咚，
二只脚应天鸣。
三只脚堂前坐，
四只脚守大门。

指甲花

红指甲花，绿指甲花，
有女不要嫁给管碓家。
口口声声说俺偷了顾娘家，
俺家娘家样样有：
家里凿，官升量；
碓下舂，官斗量。
二十四块金砖架眠床。
金打屋柱，银打梁。
金竿子，晒衣裳。
银竿子，晒草粮。
金木槌，槌衣裳。
银木槌，槌草粮。

千竹叶

千竹叶，朵朵娇，
写封信，上徽州。
俺在杭州做火头，
一日三顿锅巴饭，
一餐两个咸鱼头，

面么铁火箝，嘴么铁犁尖，
手么乌鸡爪，脚么黑柴头，
你要到杭州来看俺，
要拿布袋来背骨头。

◉ 民歌

采桑

三月天气暖洋洋，
姑嫂双双去采桑。
桑园一片绿汪汪，
满树桑叶嫩又壮。
掏出桑钩采桑忙，
一把一把篮里装。
好桑供蚕蚕滚壮，
好蚕结茧茧丝长。
你满篮来我满筐，
姑嫂二人比高强。

十绣鞋

一绣红绣鞋，正月梅花大雪开，
开了梅花手上缝绣鞋。
二绣红绣鞋，二月杏花春到来，
开了杏花手上缝绣鞋。
三绣红绣鞋，三月桃花红似火，
开了桃花手上缝绣鞋。
四绣红绣鞋，四月蔷薇朵朵开，
开了蔷薇手上缝绣鞋。

五绣红绣鞋，五月石榴多结籽，
开了石榴手上缝绣鞋。
六绣红绣鞋，六月荷花满塘红，
开了荷花手上缝绣鞋。
七绣红绣鞋，七月菱角飘水面，
开了菱角手上缝绣鞋。
八绣红绣鞋，八月桂花满园香，
开了桂花手上缝绣鞋。
九绣红绣鞋，九月菊花家家有，
开了菊花手上缝绣鞋。
十绣红绣鞋，十月芙蓉赛牡丹，
开了芙蓉手上缝绣鞋。
俺对你们讲，十一、十二没花采，
再要采花等春来。

插秧苗

布谷声声，田里水漂漂，
俺人大家从早到夜，弯背插秧苗种秧苗。
你一手来俺一把，不要太劳苦。
今朝夜了明朝再来，同把苦来熬。
富人家只晓的吃，还讲米不好，
腿酸背弯手脚都痛，他人哪会晓得。
一行行一线线，当正的种下去，
老倌①做生意，老妪②务农，都是为了家。

① 老倌：丈夫。
② 老妪：妻子。

绩溪县“斯瑞 · 上河徽院杯”美好乡村建设文艺调演（2012 年）

文物古迹

仁里村历史悠久，人杰地灵，丰富的文物古迹记载着从远古到今天的历史发展脉络,折射出文化的璀璨与壮丽。村内现存的明清时期古民居、古桥、宗祠、书院、村门、街巷、牌坊、古码头、石坝，遍布村庄内外，诉说着历史的传奇。

◉ 古遗址

龟山遗址 龟山位于仁里村南水口，濒临登源河畔，距村庄 1 千米，其山形似一只巨大的乌龟，故名龟山。仁里先人称龟山是只上水乌龟：头朝上游，河水上涨时，山像一只巨龟浮现于河面上。

龟山遗址

汪公大庙

龟山范围近 4000 平方米，1972 年发现山上散布石器、彩陶、骨片。1982 年，村民在山上发现石斧、石凿等石器，经鉴定为新石器时代遗址。

巷口遗址 仁里村西南面有一处高地，俗称窑坦。1987 年，在窑坦周边发现瓷片、窑柱，耕地里、水塘（坑）中，均有瓷片、碗、盏、壶、罐等文物出土。属青瓷系，经鉴定为宋代窑址。

汪王故城 汪王故城与仁里村一衣带水，位于村东，是“仁里八景”之一“大庙晚钟”处。据旧志记载，汪华起义，择地建城堡，引弓远射，矢坠唐金山南，遂筑城屯兵，后人称之为“汪王故城”。

汪华高祖汪叔举，南朝宋大明年间（457—464）任军司马，迁居绩溪登源里汪村。汪叔举死后，葬登源岭山。北宋太平兴国五年（980），在汪王故城遗址墓祠前建忠列庙奉祀汪华，又称“登源祖庙”，俗称“汪公大庙”，附建园林，占地约 34 亩，前后三进。庙临徽杭古道，左右辕门跨路。门楣署“登源祖庙”，入门设重门，上建楼，门内有空庭，庭后为正殿，悬原“忠显烈庙”匾额。殿五开间，金銮殿式，螺丝结顶。雕梁画栋，楹柱盘龙，中奉汪华塑像。殿后有劝忠楼和司马公祠，司马公祠为汪叔举陵寝。北宋嘉祐三年（1058），在墓前建祖庙，后人称之为墓祠。

庙宇代有修建。清同治五年（1866），洪水冲毁汪公大庙前二进。正殿于 20 世纪 60 年代后期拆毁。今剩司马公祠和庙基。

登源洞 登源洞在仁里西北，古称登岭山，后改称唐金山上。前临河，已毁。

唐金乡尹药公墓道坊

百步钦街

仁里世肖坊

古建筑

百步钦街　百步钦街为南朝梁大同年间（535—546），梁武帝赐工部尚书耿源进的百步甲第地。其地面与寻常百姓筑路不同，非石板铺就，而是用砖竖起叠砌，世代可享受免征地税。因是皇帝钦赐，故名“钦街”。

百步钦街位于仁里东井地段，青砖竖排铺筑（俗称钉栓砖），意为金砖铺地。原钦街旁建有官厅，并造廊亭遮阳避雨，文官至此下轿，武官至此下马。该街建成后，多次修缮。清光绪二十五年（1899），仁里村程氏联合鱼川耿氏共同修缮一次。2006 年，两姓氏后裔又一次共商维修百步钦街，即“耿姓购砖，程姓修路，以砖易砖，修旧如旧”，留下了程氏、耿氏合作维护古迹的和谐佳话。

百步钦街官厅、廊亭已毁，现存长 28.1 米，宽 1.8 米。

唐金乡尹药公墓道坊　位于仁里中街北端叙伦堂祠门前右上方，西向。跨道二柱三楼歇山式花岗石结构，建于明正德六年（1511）。

墓道坊为祭祀仁里上祠始迁祖程药而建。程药，葬于周藤坞。从坊至墓约 50 米。旧时叙伦堂子孙清明、腊祭，先在宗祠举行祭祀，而后祭祀队伍抬着祭品通过墓道坊，前往周藤坞药公墓祭拜。墓道坊损坏严重，仅存二柱下层额枋，前后刻有“唐金乡尹药公墓道”字样，坊高 3 米，宽 2.4 米。

世肖坊 位于仁里村中街街道上，建于明成化十四年（1478），坊主是程溥。

世肖坊损坏严重，存坊二石柱单间，坊上部损坏，下部坊额正面镌“赐进士出身绩溪县知县吴钰”“为丁酉京门邹鲁进士程溥立”“大明成化十四年九月十二日”。前面上款：“钦差巡抚直隶都察院右副都御史年俸；钦差巡抚直隶监察御史戴珊；巡按直隶监察御史何淳。”下款：“赐进士出身徽州府知府周正、王勤；承直朗通制娄琮；赐进士出身推官宣。”

世肖坊高约 8 米，宽 3.5 米。

桃花坝 桃花坝为仁里护村防洪堤坝，从村西北拱辰门的石洞山起，沿村庄外围，顺登源河水向东南蜿蜒而下，直至龟山、辛田村一带止，坝长 1.5 千米。经村庄的一段是用巨大的石灰岩砌成的。护村石坝长近 600 米，宽 4.7 ~ 6 米，高 5 ~ 6 米；其余坝体为沙土堆筑而成，长近 1000 米，宽、高为 3 ~ 4 米。

仁里村自开族建村起，为防御登源河水患，修筑防洪坝，早先用沙土、石块混合后堆筑，并在坝体上下栽植桃树、柳树、杨槐等树木，以固坝体，提高防洪能力。阳春三月，坝上桃红柳绿，由此得名“桃花坝”。

据族谱记载，当时垒筑的沙土坝很容易被洪水冲毁，历史上一直是屡毁屡建。仁里人从中积累了治理水患的经验。从清乾隆时期开始改沙土坝为石坝，村民有钱的出钱，有

改造前的桃花坝

仁里古码头

力的出力，涌现出了父子、兄弟争相捐款，做义工数年如一日，“勤劳数载，不惜已资成之”等历史景象，清嘉庆《绩溪县志》和村族谱上均有记载。

清同治五年（1866）七月，登源河洪水冲毁庙头村和汪公大庙前、中两进，仁里桃花坝损毁严重，全村动员，修复被冲毁的部分石坝。1938年，登源河水暴涨，冲毁桃花坝一段，程东屏、程翼堂动员各户用沙袋堵水，带头募集资金用于修复石坝，并聘请有筑堤经验的荆州胡商岩督导补修。新中国成立后，1969年“七五”洪灾，石坝被冲毁一段，经公助民办迅速修复。2013年，新农村建设开始，国家投资修缮桃花坝，坝体以石块砌筑，坝面铺设青石板，安装仿青石栏杆，新建亭子、长廊，设置花池，栽植百余株桃树，为仁里村增添一道靓丽的风景。

古码头　即富阳桥码头，位于东门宾阳门前。富阳桥码头是水陆交通要道，用硕大石头垒砌而成。码头高约7米，上口宽7米，下口宽16米，砌有40余级台阶。码头上安装有灯柱。为方便村民上山下田，河面上架有两座木桥，桥板计24叠块，并用粗铁链套扣，分别锁在河岸两边码头的石墩上。

古时仁里是登源里徽杭古道上商业重镇，自宋代时码头就繁荣发达。那时徽州府渔梁码头的木帆船，自歙县经临溪可驶入登源河直达仁里，木帆船到码头后就不能再往前行驶了。木帆船逆水行驶主要是靠人力拉纤索。明嘉靖年间（1522—1566），祠门石狮经数县水陆运至，在富阳桥码头上岸，仁里世忠祠堂里的《石狮碑铭》记载："祠门石狮……瞻彼黟南石色玉蓝，路经数县水陆工难，匠琢成狮。"船将外地货物运来，又将本地山货运出去，船运十分繁忙。加上本地的木材、毛竹也都顺水在河面上"放排"运出，劳工都需在码头上休息或转运货物，船家和河工要住宿、吃饭、等活，仁里的搬运行、商店、饭店一度众多。

清代后期，因战争频繁，时局动荡，仁里的码头逐年冷清，河道泥沙阻塞，航行受阻，加上徽杭公路、芜屯公路的开通，船舶不再航行。

闾川华阳庙　位于闾川村水口，在进村路口上，单间，道路穿庙而过，东南向门额石镌刻"闾水廻澜"字样，西北向门额石镌刻"华阳拱秀"字样。

华阳庙又称五猖庙，庙左边靠山面立有5尊神像，供奉风、狂、茅、野、伤五猖神，前沿及中间设置木栅栏隔离，设有香炉。华阳庙经多次修缮，1949年以后，五猖神像被毁。

闾川华阳桥　位于闾川村口，建于唐代，由汪华七子汪爽第五代孙汪文秀建造，其时任绩溪县令。单孔拱石桥，长6米，宽3.5米，桥中央石镌刻"华阳桥"三字，桥的下游建有水塘，塘外低洼处建有一座水碓。

闾坑华阳庙　　程加明　摄

◉ 社屋　庙庵

社屋　仁里村及下属各自然村旧时都建有社屋，唯仁里称"社庙"。仁里村社庙建在村西边离村1000米的旷野上。社庙三进，庙堂大，内置有"社公""社母""三关老爷"像。社庙墙壁有麒麟、天犬、黑白无常、十殿阎王彩画。

旧时，人病故或祸亡在村外的，尸体不能进村，暂时安置在社庙处理后事。举行驱赶鬼神邪气的仪式，都要在庙内进行。村上有些民俗活动也要先在社庙祭拜之后再举行。

1958 年，社庙彻底拆除。

新兴寺 坐落在南门外，后叫“和尚寺”。据清嘉庆《绩溪县志》记载：“新兴寺，在十一都仁里，旧名院，唐乾符年间建，明初改名寺。”宋代绩溪县令苏辙曾游览新兴院，并在院墙壁上题诗《辞灵惠庙归过新兴院书其屋壁》。

新兴寺有三进五开间，宫殿式建筑，内有哼哈二将、四大金刚菩萨雕像，前进过后是天井明堂，中间通道、两厢廊庑通中进大雄宝殿，殿内是左钟右鼓，有释迦牟尼、灵官、韦佗、弥勒、十八罗汉、二十四天尊等木雕像。正殿两厢通后殿，后殿也排列许多菩萨，后殿与大雄宝殿板壁上镶嵌宽 7 ～ 8 米、高 5 ～ 6 米的一幅木雕《五百罗汉图》。整座寺庙飞檐翘角，粉墙朱柱，画梁雕甍。寺内 100 余尊木雕菩萨像，最大的有 2 米多高，矮的不足 1 米。

崇真道院 据清嘉庆《绩溪县志》记载，崇真道院建于宋代，由县尹程文彬建，后毁。明正统十二年（1447），重建于新兴寺侧，两寺院合为一处。建筑面积约 500 平方米，内有庭院、水池。

石山庵 位于村北石洞山崖，建于明万历年间（1573—1620），上门世禄堂十四世孙程世宗倡建。其父程宏奇倡率道学，建山云寺，拨田以奉香火。

华佗庙 位于村北门内，供奉华佗、土地、李王。

吕洞宾庙 仁里过去有座吕洞宾庙，在后街，庙宇较大，进出二门为圆门。庙内供奉吕洞宾、土地、李晏。到此祭拜烧香的人很多，有不少人是从外地特意赶来许愿的。村西北至今有条古巷名为吕洞宾巷。

红庙 原是祭祀忠壮公程灵洗长子程文季的场所，庙后有座山峰叫架鼓尖，村民塑个“架鼓尖”菩萨像供奉在庙内，祈求永保六畜兴旺、五谷丰登。

红庙

观音庙 位于村南新安港路边，庙内供奉观音。旧时，村子及邻村百姓常到庙里烧香祭拜求子。

泗洲庙 位于东南大洪坑山坞里，清乾隆年间（1736—1795），由下门敬爱堂十四世孙程江建，供有泗洲菩萨。

土地庙 仁里土地庙很多，除四门建有土地庙外，凡有水井处都建土地庙，有八九处。

◉ 牌坊　古驿道　路亭

牌坊 仁里的牌坊有 8 座，均为石牌坊。一为墓道牌坊，存有 1 座；二为科举牌坊，有 2 座；三为贞节牌坊（又称道旁牌坊），有 5 座。存唐金乡尹药公墓道坊和世肖坊 2 座，均有缺损。

古驿道 旧时仁里通往县城的道路多为石板路。出村西门，过三眼塘，沿山路到上马石村，出村就到五里亭，这一段路程刚好是到县城路途的一半；继续向前翻过一个小

仁里木桥

岭，下坡到丁岭脚下有座白石亭，出亭后就可看到县城，过杨柳村桥，便可进入城内。

仁里村习惯将反沿村而过的登源河上游称为“上节（界）”，将下游称为“下节（界）”。

到“上节（界）”瀛洲的古道是从小码头过富阳桥，到忠周村，出村后过一座小木桥，到岔路口，往左经墓祠门口可看到一片古树林，叫“杀儿塘”[①]，往前走是“十里回头水”[②] 通到直壁山下，古道很窄，一边是山体，一边是悬崖。过了直壁山是梧村，沿村河坝过一座小石桥，到达碣头村，过路亭、庆丰庵，就可看到瀛洲了。

到“下节（界）”湖里去的古道是出南门，沿石板大路到村里的古水口——龟山脚，再往前是登源河的一个深潭，沿路要经过几个小村庄，有猫儿岱、东村弯、耿家潭，而后就到了胡雪岩的故乡——湖里。有一条近道，翻过麻雀岭可到临溪；另一条古道通往周坑村。

仁里村外出经商的多数在浙江淳安，外出大多走周坑经汪坑，翻山越岭到歙县深渡码头，从新安江走水路到达；到浙江其他地方的，往往都是走忠周山坞，过忠周岭到歙县南乡而后步行至浙江。徽杭公路修通后，去浙江的人可到歙县霞坑乘汽车。

路亭 仁里四门楼亭式建筑的下部为跨道路亭式。

中街上给行人休息的路亭有 3 处，永茂商店、广福堂药店、巧蓬商店（原豆腐娟店）门口都建有木制敞开式屋瓦亭，跨街而立，又称“四开亭”，除了遮阳、遮风、挡雨外，还能摆放货物样品。

仁里通往周边邻村的道路上只有两处路亭。一处建在七塔到县城的道路上，取名“间杆亭”，跨道而建，有石条凳。另一处建在忠周通往歙县的山路上，叫“忠周岭路亭”，亭子较大，特殊情况还可供过客歇夜。

仁里村部分文物古迹一览表

表 4

序号	名称	级别	年代	类别
1	世忠祠（下祠堂）	县级文物保护单位	清代	宅第民居
2	王子野故居	市级文物保护单位	清代	宅第民居

① 杀儿塘：相传是胡忠宪误杀儿子的地方。

② 十里回头水：山溪水流向刚好与登源河相反。

续表 4

序号	名称	级别	年代	类别
3	世肖坊	县级文物保护单位	明代	牌坊影壁
4	胡美生宅	—	清代	宅第民居
5	诒榖堂（程加顺宅）	—	清代	宅第民居
6	仁里村 97 号宅对面	—	清代	宅第民居
7	仁里村 97 号宅	—	清代	宅第民居
8	仁里村 78 号宅	—	清代	宅第民居
9	仁里村 78 号宅	—	清代	宅第民居
10	仁里村 78 号宅对面	—	清代	宅第民居
11	汪桂花宅	不可移动文物	明代	宅第民居
12	仁里村 66 号民居	—	清代	宅第民居
13	仁里村 68 号民居	—	清代	宅第民居 （现为老年活动室）
14	高炳志宅	—	清代	宅第民居
15	程干佑故居（程辉宅）	不可移动文物	清代	宅第民居
16	仁里村 91 号民居	—	清代	宅第民居
17	程秉钊故居	—	清代	宅第民居
18	程映寒宅	—	清代	宅第民居
19	光启堂	不可移动文物	清代	坛庙祠堂
20	忍先堂	—	清代	宅第民居
21	程立成号杂货店	不可移动文物	清代	店铺作坊
22	仁里村 127 号	—	清代	宅第民居
23	仁里村 129 号民居	—	清代	宅第民居
24	仁里村 145 号西侧民居	—	清代	宅第民居
25	程扶强宅	不可移动文物	清代	宅第民居
26	嫁资井南侧民居	—	清代	宅第民居
27	仁里广福堂	不可移动文物	清代	店铺作坊
28	继叙堂（程宗麟故居）	不可移动文物	清代	宅第民居
29	恒丰典当行	不可移动文物	清代	店铺作坊
30	程学杰故居	不可移动文物	清代	宅第民居
31	程宾卿故居	—	清代	宅第民居
32	百顺堂	—	清代	坛庙祠堂
33	洋楼	不可移动文物	清代	宅第民居
34	程秉尧故居	不可移动文物	清代	宅第民居
35	程元太宅	不可移动文物	清代	宅第民居
36	仁里村 199 号民居	—	清代	宅第民居
37	蔡忠义宅	不可移动文物	清代	宅第民居
38	仁里村 210 号民居	—	清代	宅第民居
39	仁里村 211 号民居	—	清代	宅第民居

续表 4

序号	名称	级别	年代	类别
40	章美榴宅	不可移动文物	清代	宅第民居
41	仁里村 216 号民居	—	清代	宅第民居
42	程文胜宅	不可移动文物	清代	宅第民居
43	仁里村 32 号民居	—	清代	宅第民居
44	章平波宅	不可移动文物	清代	宅第民居
45	仁里村 39 号民居	—	清代	宅第民居
46	仁里村 40 号民居	—	清代	宅第民居
47	程小虎宅	不可移动文物	清代	宅第民居
48	汪超美宅（龙山书屋）	不可移动文物	清代	宅第民居
49	程扶迪宅	不可移动文物	清代	宅第民居
50	叙伦堂（上祠堂）	不可移动文物	明代	宅第民居
51	胡冬如宅（瀛乡茶行）	不可移动文物	清代	宅第民居
52	敬承堂（程建中宅）	不可移动文物	清代	宅第民居
53	程扶美宅（南岗书院）	—	清代	宅第民居
54	诵芬堂	—	清代	宅第民居
55	方顺伍宅	不可移动文物	清代	宅第民居
56	程士范宅	不可移动文物	明代	宅第民居
57	八大户（程松堂故居）	不可移动文物	清代	宅第民居
58	土地庙	不可移动文物	清代	坛庙遗址
59	巷口瓷窑址	不可移动文物	五代—宋	窑址遗迹
60	龟山遗址	不可移动文物	新石器时代	其他古遗址
61	西门	—	—	亭台门阙
62	古槐树	—	—	古树名木 （县林业局挂牌）
63	西井	—	—	池塘井泉
64	南门（迎熏门）	—	—	亭台门阙
65	嫁资井	—	—	池塘井泉
66	东井	不可移动文物	清代	池塘井泉
67	东门	—	—	亭台门阙
68	过街亭	不可移动文物	清代	亭台门阙
69	仁里古蚌头	不可移动文物	清代	桥涵码头
70	仁里古坝	不可移动文物	宋、辽、金、元	堤坝渠堰
71	北门（北辰门）	—	—	亭台门阙
72	百步钦街	不可移动文物	南朝—现代	驿站古道遗址
73	思诚学堂	—	始建清代	学堂

乡村旅游

仁里村离县城3000米，是通往龙川景区、郸山大峡谷、徽杭古道、湖村等热门景区的必经之地。古村落山清水秀，历史悠久，文物古迹遗存多，为县内少见的较完整的古村落之一。仁里古村被评为AAA级景区，获得“中国特色村”“中国传统村落”“中国最美休闲乡村”“全国美丽乡村示范村”等称号。

旅游景点

仁里旅游资源丰富，遗存的文物胜迹有82处，其中明清古民居54幢，祠堂3座，大街3条，村门4座，小巷18条。街巷布局依然古旧，青石板路遍布村内，全村风貌古朴，建筑古老。自然景观古有“仁里八景”，今有

仁里民居（一）

仁里民居（二）

仁里民居（三）

山水画廊，还有民俗庙会活动。

诒穀堂　位于中街繁华地段迎街巷口。程上颖（字斯敏）故居，建于清康熙五十年（1711）。

诒穀堂坐北朝南，青石八字门楼，前后三进，两天井，八厢房。进门第一进是门房，供佣人居住；第二进为上、下堂，是主人日常生活栖息之所，下堂立一照壁，为仪门，人从两侧出入，一为聚气，二为不让路人直观。通转楼，八居室，光线充足。厅堂可铺设十多桌酒席。厅堂上方高挂“诒穀堂”匾额。厅堂布置中堂、对联、条几、八仙桌、太师椅、茶几，为典型的徽派风格。

诒穀堂

诒穀堂内木雕较多，窗户、梁托、天井四周上方栏板、撑拱等处均有木雕，色泽光鲜，保护得很好。八扇木窗上，雕刻精美，有夏荷秋菊、富贵牡丹、松鹤延年、花鸟虫鱼、人物故事等图案，窗栏板上刻有诗句。右窗前边雕有一只展翅蝙蝠，寓意“福从天降”；上框边雕有“瓜瓞绵绵”图案，寓意子孙繁盛；窗门绦环板上雕的是八仙兵器，俗称“暗八仙”，寓意多才多艺、神通广大；栏板雕有竹菊，刻有诗句“我爱此君无俗颜，天为老圃驻秋容”。左窗雕有鹤图，栏板雕的是梅、兰，题诗“寒天有鹤常为伴，空谷无人自在香”。

诒穀堂周围东西南北建筑群连成一片，一色的青条石砌就一圈墙裙，一个大家族拥有面积达数千平方米的住宅，宅院相连相通，似一座迷宫，门楼、宅院、楼阁悉数完整，是千年古村仁里保存最好的文化遗产。诒穀堂开设农家乐餐馆。

忍先堂 晚清名医程希濂的故居，地处迎熏门前巷和四水亭巷之间石公祠（位于光启堂对面）后，两面临巷，一面临街，面积 2000 多平方米。忍先堂家族房屋多、门阙多、屋里井多，是仁里古民居中的一绝。从前巷进院门，是一门三阙，左通正屋，前通小巷，屋数间，直通四水亭巷，北至石公祠。四水亭巷又设一大门，有门房，有水井，和正屋后院相接，大门内多置小门，墙院连叠。正屋通转楼，前后三进，两个天井，六间厢房。两厢棂门，木雕花格子窗，窗楣上方书写儒家名言，字迹可辨。院内共有 15 个门阙、4 口水井，能住下几十口人。

忍先堂

仁里村一般民居正屋的照墙上都书写一个大大的“福”字，以示“福星高照，满屋生辉”，可忍先堂正厅天井照墙上是一个斗大的“忍”字，这正是程希濂家家训。

房主程希濂是著名中医，颇有家产，慈悲为怀，门诊从不收费，并备有时疫成药、外伤膏药，以备病人取用。其子程仰垓、程毅芳均通医学，但不以医为业。

“忍先堂”这个“忍”字在“文化大革命”时期被石灰水刷去，后石灰剥落，又重现出“忍”字。

仁德堂　程本海故居，建于晚清，地处百步钦街中段东井旁，院门朝西，宅门坐北朝南。屋子一明（厅堂）两暗（厢房），楼上、楼下各有厢房 4 间。厅上挂有“仁德堂”匾额，为民国元老于右任所书，房主程德松（程本海祖父）以“仁德”起家，故名“仁德堂”。

程德松于洪杨之乱中逃往浙江桐庐，摆摊位行小商，小积财富，回乡在其窄小的老宅旁建造此屋。程德松一生勤劳俭朴，正直厚道，80 多岁还为“浩有派”程石堂家执掌管家。著名教育家程本海是其长孙。程德松 90 岁寿诞时，胡适写了一副对联祝贺：“五百里内人尊大老，九十岁了心犹少年。”在很长的时间里，厅堂上方都挂着胡适的贺联和程德松 90 岁寿庆全家福照片，还有胡适、陶行知写的对联、条幅。现在，对联、条幅没有了，照片依然挂在堂上。

仁德堂

程宗鲁故居 仁里古民居中，程宗鲁故居是最古老的明代建筑物。

宅院地处光启堂左侧一条狭窄的深巷中，离“仁里八景”之“槐墩夕照”不远，程宗鲁诗云：“家居槐墩麓，夕照落吾墙。”院子偏小，地处低洼。梁柱上留下刀斫斧砍的战乱痕迹。厅堂内摆放一条茶几、一张八仙桌、两把太师椅、一张吃饭的桌子。厅堂正中高挂着紫色金字匾额“松茂莔馨”。两旁的抱柱上是朱红色的木制对联，上联是“奇石无心真静者”，下联是“高松多寿是仙人”，是徽州岩寺著名书法家密岩所书。程韵兰 87 岁而殁，柱联赞颂他德高望重、乐善好施的晚年生活。

屋外小院，四季花卉不绝，特别是程宗鲁手植的牡丹，到季开放，独领风骚。厅堂上的中堂和对联是程宗鲁的手迹。

院外正对门则是程宗鲁的书斋——退省斋，木雕窗棂。“退省斋”取自“进则尽忠，退思补过”之意。斋外小院，有程宗鲁洗笔处，留有他的“墨池”。当年，很多青年人在这里为他牵纸，看他奋笔疾书，以他为楷模。

王子野故居 建于清代，坐西北朝东南，占地面积 155 平方米，上下对堂，二楼通

退省斋

转，硬山屋顶，东、西、南三向砌封火墙，中设条石天井。大门的门楼上设有简易五飞砖门罩，门内有双柱木板影壁。天井两侧为厢房，饰木雕挂落。檐部有裙板及矮栏。室内的木雕构件有撑拱、雀替、驼峰、挂落、窗门等，整幢建筑保存完整。2010 年，被宣城市人民政府公布为市级文物保护单位。

程松堂故居 建于清代。程家在清光绪年间（1875—1908），不仅当铺生意兴旺，还做日本海上贸易，家里保存有清同治时期中国地图和日本商业城市全图。程松堂故居外门是青砖八字式墙，卷棚门，象征天圆地阔、八面玲珑。入门为门庭，右侧为财神堂。外面一大圆门，中隔一小天井，里堂正中一正方财神龛座，与大圆门同一轴线，处在圆心位置，象征铜钱，寓意财源广进。正堂里，照壁有商字门。

最有特点的是三面顶梁上的梁钩，8 只梁钩均朝天井钩，寓意为钩挂八方财源，有个吉利说法，称“八面威风”。

墨坊与纸坊 仁里是徽墨的传统产地之一。程松堂是一个典型的儒商，平生酷爱书画。他在家中开办徽墨作坊和纸作坊，生产上等徽墨“仿耿墨”和以绩溪龙须山龙须草做原料的澄心堂纸，并择其中精品送给文人雅士。作坊虽小，但包含了徽墨从点烟收墨到成形的所有程序。

洋楼 洋楼始建于清同治末年，位于中街十字路口南向。其独特的外观和内部结构，在周边清一色的徽派民居中显得鹤立鸡群。三层楼房，砖木结构，东西跨度大于南北跨度，呈长方形。大门朝西，门楼上方有一茶源石门楣，刻其主人程祖昌草书手迹“淇源瑞霭”。进入大门，是一个青石板铺就的小院，其南面便是洋楼的主体建筑，通过北墙上的拱门可进入屋内。

洋楼

洋楼的建筑年代，适逢我国洋务运动的兴起。在外经商的程跃章与堂兄程次廉商量后决定以江海里的洋轮为外形在故乡造一幢洋楼，开创一代新风气，遂召集工匠，在故乡的老屋南面，自行设计建造了这幢独具特色的洋楼。

洋楼巷

从外观看，洋楼外形酷似洋轮；外墙采用大而多的玻璃窗；用材不是以木料为主，而是采用青石和特制砖；徽州古民居大多是二层，而其左侧为二层楼，右侧独建为三层。从内部结构看，南北都建有东西走向的室内走廊，犹如船舶两舷的甲板；西部一楼有三个房间，二楼有两个房间，与船上的客舱相似；三楼楼板上有一个长方形洞口，下有活动木梯与二楼相通，上有翻板，可翻下盖上，犹如船上的密封舱门；三楼面积不大，为一统间，三面环窗，恰似甲板上层高处的舵楼。三面开有长形、卷棚形大窗，与周边传统的徽式民居窗户迥然不同，并配装西洋风格的百叶窗和彩色玻璃，屋檐下方还有许多圆形气孔，恰似船舶上的舷窗。除外形和结构与众不同外，洋楼在建筑工艺上也独具特色。整座建筑不见一根通天柱，所有柱子砌于墙内，其上架以密集的阁栅，或以拱形结构和纵横交错的隔墙承重。楼上地面也不是传统的阁楼板，而是用三合土（砂、石灰、黏土）铺设在阁板上，类似现代的水泥浇注工艺。洋楼在用料上也极为考究，房屋正面基础以上约 1 米的墙体均以 60 厘米高的大块青石砌成，十几个不同品种的砖块都是在窑厂定制烧就，虽历经百年风雨，仍坚固如初。

洋楼外观和内部结构乃至建筑工艺都融合了中外特色，这在百余年前的徽州腹地非常罕见。它一建成，就引起了人们的关注，争相前来一睹为快，并因其独特的建筑风格，将其称为洋楼。

叙伦堂 俗称上祠堂，位于上街，坐东朝西，于明正德四年（1509）建造，长 33 米，宽 16 米，占地面积约 530 平方米。祠堂大门前的坦场有 8 根硕大的旗杆墩。整座宗祠三进五开间，前进仪门（门厅）五凤楼，进去后是天井明堂，中间甬道直通往中进享堂（正堂），两边是石柱廊庑通享堂，享堂由数十根粗大的木柱、石柱高高撑起，边壁后是天井明堂。第三进是寝堂。相比仪门，享堂高出 2 米多。出祠堂门，右上方紧邻处就是唐金乡尹药公墓道坊，跨道而立。

叙伦堂

叙伦堂是祭祀始迁祖程药而建。

叙伦堂历经数百年风雨洗礼，已损坏不堪，祠堂大门木栅门在 1969 年被一场百年难遇的洪水冲毁，祠堂门前石狮在 20 世纪 70 年代被卖出。前进仪门被拆除改建成民房。中、后进由供销社使用，中进享堂与后进寝堂基本完整，遗有两件文物：一是内墙嵌有明嘉靖二十年（1541）的石刻祠堂碑铭，一是仅存半截的一块明代石碑。

世忠祠 仁里世忠祠俗称下祠堂，坐落在村中央，坐西朝东，面对中街。祠堂长 44 米，宽约 16 米，占地面积 704 平方米，加上祠旁的“能干祠”（300 多平方米），合计有 1000 多平方米。世忠祠是祭祀新安程氏十四世程灵洗即忠壮公的宗祠。

祠堂有仪门、享堂、寝堂，三进五开间，内有大量石雕、木雕、砖雕，部分木雕、石雕保存完好。

世宗祠前堂为五凤楼结构。五凤楼前是棂星门，八字墙。棂星门上的正梁木雕，左为“一帆风顺”，中为“文武双全”，右为“五子登科”。棂星门后是仪门，新中国成立后，因搭戏台被拆去。仪门由木栅门、中门、两侧边门组成，立有石鼓、石狮。天井前五凤楼内梁木雕，正反两面嵌有木雕饰板，刻有戏曲故事人物、仙鹤、神鹿、鸟兽等图案。进入仪门，五凤楼内的梁木上，当中雕刻“龙凤榜”，左为“赴任”，右为“荣归”。

天井，中为甬道，左右有回廊连接享堂，意为“玉带围腰”。享堂前为丹墀，筑有望柱石栏、望柱头，雕有如意云纹。享堂后半部地面升高一级台阶，两侧设小间，用于存放祭器和作祭祀时礼生更衣处。从仪门到享堂有方形石柱 18 根，每根周长 150 厘米，圆木柱 40 根，每根周长 154 厘米，梁柱均有精美木雕，饰有八仙器物、花鸟、人物、祥云等图案。享堂正中原来放置忠壮公塑像，木质，高大如真人，手脚灵活，伸屈自如，还有一顶忠壮公出游的专轿，毁于“文化大革命”。仪门与享堂之间的天井明堂用石板铺成，祠堂外四周环绕水渠，水被引入天井明堂，祭祀、做会时可放活鱼。享堂壁后是天井，壁后梁柱上饰有木雕戏剧人物故事，还有两条龙鱼，尾巴为鱼形，头是龙形。

最后一进是寝堂，比享堂高 1.7 米，是放置祖宗牌位的地方，供后裔祭祀。寝堂与享堂之间有小天井明堂，寝堂前沿筑有望柱石栏围护，两旁有台阶通寝堂，台阶外舷为斜石栏板，古称“垂带”。12 根高出石雕栏板的荷花饰头、方形石柱间嵌镶 11 块

仁里世忠祠

雕刻的花鸟图案，自左起，垂带“梅开清吉，竹报平安”，正栏“百子同声”“喜上眉梢”“燕翼诒谋”“呦呦鹿鸣”“比翼和鸣”“松鹤延年”“君子耄耋”“多积隐德”“月足年丰”，右垂带“陈宝在林，抬头是吉”。寝堂前檐采用三斗三升斗拱，俗称“喜鹊窠”。寝堂是二层楼阁，前部为拱穹形状，其余平铺楼板，放置祖宗牌位，上面覆盖五颜六色画板，图案有“龙腾鱼跃”“蝙蝠祥云”“圣水天穹”。梁竖柱上木雕也十分精致，有仿八仙器物和鸟兽、花瓶等图案。

世忠祠自明弘治八年（1495）冬，由程溥发起倡建以来，先后进行了三次大的重修。第一次是在清乾隆年间（1736—1795），建筑面积比原来扩大了1/3。清咸丰年间（1851—1861）被烧毁，光绪十八年（1892），第二次修建。2007年，为建设美好乡村，第三次重修。

光启堂（敬爱堂） 光启堂是仁里下门敬爱堂的一座支祠，祀程景洪。堂以“光启”命名，取“光前启后”之意。支祠坐落于村南门附近，建于清乾隆四十八年（1783）。

光启堂长37米，宽14米，占地面积约520平方米。祠堂仿世忠祠，分仪门、享堂、寝堂，三进五开间。支祠在木雕装饰上与世忠祠相仿，不同的是光启堂门前垣建有明水渠，构筑石栏护卫，有小巧玲珑的荷花头石柱。垣面临仁里中街，建筑左右两侧垣门为卷棚式，上圆下方，垣门里外门楣上雕有“叶茂”“根深”“源远”“流长”字样，寓意家族发达兴旺、万古长青。

光启堂　　丁晓文　摄

仁里村旅游资源分类表

表 5

主类	基本类型	资源名称	基本情况
A 地表 景观 （20 处）	山石景观 （仁里八景）	龟山	因山形状像龟而得名，“龟屿浮烟”是“仁里八景”之一
		龙屏山	被村人视为村脉，曾有山麓草堂建于此。“龙屏积翠”是仁里八景之一
		石洞山	山石崚嶒，有方圆几十丈的大石洞数处，被树荫覆盖，“石洞祥云”为“仁里八景”之一
		茅山	又称“幕山”，当月亮从茅山山顶升起时，就像美人头枕茅山，仰卧河畔，曲线完美，称为“茅山夜月”，又名“西施仰月”
	古建筑	洋楼	建筑风格中西合璧，外观仿船形
		上祠堂	自唐朝迁来的程姓祠堂，称“叙伦堂”，后改做供销社
		下祠堂	三进结构，部分木雕、石刻保存完好，后成为榨油坊
		退省斋	程东屏书斋，小巧玲珑，存有“墨池”一处
		程序东故居	程序东，仁里思诚小学始创者
		石泉书院	建于明嘉靖时期，仍存有一阕门楣
		思诚小学	原名思诚两等小学堂（后简称思诚学堂），是徽州第一所新式小学
		广福堂药店	村内历史悠久的一家药店
		忍先堂	古民居，以“忍”为主题
		仁德堂 （程本海故居）	程本海是教育家陶行知的朋友和学生，为创建南京晓庄师范学院的十三人之一，著有《在晓庄》一书
		汪华故居 遗址	汪华，在民间被奉为“汪公大帝”“花朝老爷”“太阳菩萨”。其故居遗址位于闾坑村内。房基仍有部分保存
		诒穀堂	建于清朝的典型徽州建筑，已开发为农家乐景点
		百步钦街	为南北朝南朝梁大同年间，梁武帝赐工部尚书耿源进的百步第地，世代可享受免征地税的优惠，因是钦赐，故名“钦街”
		王子野 故居	王子野是当代著名出版家、翻译家和文学评论家，原国家出版局副局长、人民出版社社长兼总编辑
		世肖坊	在村中街道上，建于明成化十四年（1478），是绩溪现存科举牌坊中最早的一座
		南门商店	村落中一所历史悠久的商店
B 水域 风光 （4 处）	观光游憩 古井	东井	位于村落的东段，至今已有数百年的历史
		西井	又名“铁箍井”，上套一铁圈，仍为村民提供生活用水
	观光游憩 河段	桃花坝	位于登源河上，两岸有桃花掩映，景色优美
		登源河	村东，古称登水，发源于逍遥岩的长坪尖南麓
C 生物景观 （4 处）	丛树	桑园	仁里是绩溪蚕桑养殖重点村，村落周围种植了大片桑园
	古树	桂花树	位于思诚小学院内
		南宋古槐树	又名槐魂树，栽于南宋，“槐墩夕照”为“仁里八景”之一
		古松树	位于闾坑村后的山上，有上千年历史，其树干四人不能合抱

续表 5

主类	基本类型	资源名称	基本情况
D 遗址遗迹 （4 处）	古遗址	汪氏祠堂遗址	用于祭祀汪华及其家族后裔的祠堂，已毁
	古墓	尚书墓	梁工部尚书耿源进墓（古宅），已毁
		药公墓	程姓始迁祖程药墓，唐光化元年（898），程药以秀才被荐授金乡县尹。墓已毁
		爽公墓	汪华七子汪爽之墓，位于七塔村
E 人文景观 （7 类）	民俗与节庆活动	正月十五打狟	仁里民俗活动之一
		五彩狮	仁里民俗活动之一
		粗九碗	仁里民俗活动之一
		撒帐	仁里民俗活动之一
		花朝会	“花朝”，即古人所说的“百花生日”。由于二月十五正值春色平分、百花齐放的良辰美景，又是汪华生辰，因此，八社村民便在这一天做起花朝胜会
		会社	仁里民俗活动之一
		扮地戏	每年八月初一，由十一二岁的小孩穿上戏装，勾画脸谱，扮成戏剧人物游行，是纪念华佗的一种活动。由于地戏队伍不在戏台上表演，而是穿过仁里村正街，向东、南、西、北门“打四角”巡行，故名“扮地戏”

◉ 旅游开发

旅游特色　仁里古村落个性特征非常明显，是体现徽州区域独特风貌格局和浑厚历史文化内涵的宗族聚居地。这里文风昌盛，文化脉络悠久，保存了相对完整、真实的古村落原型，聚集了一定数量的历史文化遗存，古村落风貌的完整性基本得到了保护，居民生活的延续性在村落中得以继续体现。古村落附带的历史文化信息比较丰富，其在建筑学、环境学、景观营造学等方面所表现的创造力，体现了较高的水准，成就显赫，更为独特之处是利用儒家文化来体现村落的精神取向。

仁里的自然与文化资源丰富多样。物质文化遗产方面，互通的民居显示着村民“里仁为美”“以和为贵”的传统儒家思想，古老的百步钦街突出了仁里的辉煌历史，3 座祠堂将古村落的宗祠文化完整地保留下来，洋楼则是仁里人与时俱进的杰作。非物质文化遗产方面，仁里以儒家“仁”的思想规范村民的行为，两姓同居、和谐相处是古村的特色之一。

游人如织的仁里老街

仁里的民歌演唱、抬花轿、徽墨制作及花朝会、祠祭等民俗表演活动，散发出浓浓的徽文化底蕴。

自 2010 年起，仁里旅游市场接待量逐年递增，其中 2010 年 3 万人次，2011 突破 5 万人次，2012 年 7 万人次，2013 年 9.3 万人次，2014 年 13.6 万人次，2015 年 14.1 万人次，2016 年 14.5 万人次。

旅游设施 仁里古村落是国家 AAA 级景区，旅游配套服务设施基本完善。有乡村客栈和农家乐经营户 12 家，其中四星级农家乐 1 家。与仁里古村落一河之隔的上河徽院，是一家五星级宾馆，还建有高端国际养老中心。村头公路口上，竖有徽派地标牌坊，村外辟有广场和旅游厕所。2009 年 8 月，亮景文化旅游开发公司入驻，先后与 300 多家旅行社、20 多家网络电商签订合作协议，同时，还与龙川景区、徽杭古道景区和鄣山大峡谷景区合作，建立友好协作联盟。在旅游产业的带动下，原来几万元一栋的老旧民居升值到 40 万元以上，增强了村民对祖产古居的保护意识，村民自觉维护维修祖传老房子，有条件的农户发展民宿及经营乡村酒店。乡村农家乐自 2006 年陆续开业，2010 年以后，随着游客增多和景区知名度提升，农家乐日趋兴旺。

外宾到仁里游览

景区线路 古村落精品线路以文物胜迹与优美的自然生态景观相结合。

景区入口（南门）—光启堂—忍先堂—百步钦街—私塾—王子野故居—吕洞宾庙—下祠堂—仁里老街—诒穀堂—老作坊区—洋楼—东门—桃花坝—广场

“水韵登源 · 徽商故里”民俗文化旅游周 2016年11月10日，首届乡村旅游节“水韵登源 · 徽商故里”民俗文化旅游周活动在仁里开幕。活动分六大主题，推出民俗展演游艺（瀛洲大鼓、瀛洲火龙、民俗婚礼抬花轿、民歌《插秧苗》、民谣《十绣鞋》等）；邀请旅外人士、徽文化专家考察徽商故里特色小镇核心村仁里古村落，召开研讨会建言献策；开展家风家训研讨系列活动；举办摄影作品展；开展登山赏秋韵 · 观秋色暨环保公益倡导活动等。活动一直持续到11月15日。

仁里村精心组织，美景、美食、民俗文化、主题活动相结合，具有亲山、亲水、生态、人文等特点和亮点，此次民俗文化旅游周活动在社会上取得了良好的反响，进一步提升了仁里的知名度，展示了古村人文历史之厚重、自然生态之优美、新农村建设之成就。

链接：2012—2016 年传媒机构在仁里村拍摄情况

安徽广播电视台《美丽乡村》（2012 年 8 月）

中央电视台《古建筑》（2013 年 12 月—2014 年 1 月）

上海广播电视台东方卫视《非常惠生活》（2014 年 4 月）

安徽广播电视台《古村落》（2014 年 5 月）

中央电视台《记住乡愁 · 仁里村——仁爱为本》（2014 年 12 月）

安徽广播电视台《忆祖训》（2015 年 6 月）

中央电视台《旅游指南》（2015 年 3—4 月）

上海广播电视台《车游天下 · 恩龙游绩溪》（2015 年 7 月）

安徽广播电视台《百家姓》（2016 年 11 月）

仁里村徽商文化墙

民俗风情

仁里民俗淳朴，村内耕地较少，乡农勤于稼穑，明清至民国时期，旅外从事商业者渐多；村民终年粗衣粝食，勤俭持家重积聚，倾毕生心血营造宅第坟墓。村民知书达理，重视教育，崇尚耕读传家、书香门第。改革开放以后，民风跟上了现代步伐，而“四时八节”的包馃、家宴、馈赠之风依然风行。

乡风民俗展示了仁里原汁原味徽文化的丰富内涵和乡土文化的独特魅力，也展示了一幅优美而不脱离乡土气息的古村画卷。

农家建屋有村规，嫁娶婚庆更礼先。庙会节日真旺盛，花朝华佗会喧天。
火腿绿笋『九碗八』，蕨菜豆角味美鲜。赤县游客齐赞叹，仁里面貌胜天仙。

◉ 建造习俗

起屋 钉栓盖瓦叫“起屋”。旧时，一般人家几代都建不起一幢屋，都是几代合住一屋。若谁家能建屋，是一件了不起的大事。在建屋过程中有一些习俗。在开工挖墙脚前必须先安装“老郎”，以保在建房过程中平安无事。“老郎”的做法是：用 3 张黄纸（或火纸）将 3 个“金银”、3 根香卷在其中，香的两头必须露在外面，再用一张红纸将纸卷包上，并用青棉线扎好。在安“老郎”时，还要做两份大土封（也用火纸包上“金银”），摆上供品，然后烧纸（大封），放爆竹，祭拜天地。再将“老郎”摆在新建房屋地基正中祭拜，拜毕，将“老郎”送回原住处，挂在上沿头高处。这些仪式完成后，方可开工。

当木制屋架的各种构件做好后，便将各构件组装成屋架，这个过程叫作“排列”。排列要请“排列酒”。在组装过程中，安装主件屋梁称“上梁”，梁的两头要安放五色布，其时要“赞梁”。“赞梁”由工匠承担，木匠边上梁，边韵味十足地赞道：“金斧一动天地开，鲁班先师下凡来，东家择个好日子，要造万年大屋宇，百样材料都备足，单缺一支大正梁，鲁班先师不辞

起屋（盖新房）

苦，寻梁寻到昆仑山……”“金斧响东，文武在朝中，金斧响西，福寿与天齐……”“赞梁”结束后，东家要送给“赞梁”工匠礼物，以示感谢。

屋架竖好，当日盖瓦，亲朋好友都要帮忙递瓦。当瓦盖好后，要将“老郎”送至新屋，挂在上沿头，再开始祭拜，放爆竹，谢“老郎”。谢“老郎”结束，爆竹齐鸣，此时正式起屋。一般人家起屋时，爆竹要延续半个小时左右，在放爆竹的过程中，东家要给砖工头、木工头、粗工头每人一只小红袋，袋中装着枣、栗、花生、水果糖，由他们站在屋上抛向高空。此时，东家还要将事先准备好的“喜包”抛向空中，小孩、大人都来争抢，一派热闹场面，随后开始晚宴。

晚宴要用圆桌谢工匠，按砖、木、石匠的顺序排座。其他宾客一律坐方桌。

当日下午，东家还要到坟上祭拜。

凡遇亲戚朋友家建房，亲戚送的礼是肉、面，另加爆竹和红纸（或喜幛）；朋友一般送红包，另加爆竹和红纸（或喜幛）。岳父要送“排花”一对。

后来生活水平大大提高，建房已成为平常事，起屋不再请酒了。

进屋　进屋意味着一个家庭新生活的开始。一般人家都选在农历二月、八月、十月等吉月进屋，以求进入新屋后万事如意、兴旺发达。当吉日选定后，亲戚送上肉、面，单条或对联；朋友一般送红包。本家必须提前来帮忙，并送上13个鸡蛋（也有送上肉、面作为礼物的）以示祝贺。

进屋当日，一家人必须在子夜（零点）之前起床，将原居住处的堂前、房间、厨房、楼上、厕所等处，都点上红蜡烛，即“满堂红”。子夜时，由一个人拿灯笼（现改用电瓶灯）在前照路，之后依次是父亲手拿木制大方印，大儿子手拿杆秤，母亲手拿“关升”[①]（旧时还要加米斗），第五人手提铁锅或碗筷等，最后一人拿灯笼照路（即“两头红”）。若自己家人不够，可邀请他人帮助，人丁兴旺之家可加至8～10人。凡参加进屋的人，都不得空手，必须拿上东西。众人组成一个队伍，有序地向新屋进发。

到新居后，第一件事是男人点上“满堂红”（现改为打开所有电灯），贴门对，接天地，放爆竹，祭拜；女人烧水泡茶，准备三道茶。全体参与人员吃罢三道茶，便开始整理、设计新居家具的摆设等等。

天亮后，帮忙的人员和亲戚陆续到来，男的帮忙搬东西，接待客人，借餐具、灶具，挂对联等；女的帮厨。

挂对联时，先要把自己家准备的中堂挂在正中，再是岳父的双对，后面的对联挂法与婚嫁联的挂序相同。

中餐是以女宾为主，晚餐是以男宾为主。都是八仙桌，按照挂对联的顺序安排席位。

下午，主人要上坟，祭拜。

◉ 庆寿　宴请

庆寿礼仪　俗称“做寿”或“做生”。50岁以前逢10岁举办（忌20岁、40岁做生），均不宴请，但近亲本家必须送上长寿面和鸡蛋，一般长寿面是1.5千克，长辈送给晚辈13个鸡蛋、1对朝糕（糕点），同辈送9个鸡蛋。50岁时，亲朋送庆寿对联、单条、寿幛及肉、面、蛋等贺礼。老人做生，子、媳主办，出嫁女儿襄助。事前做寿包或寿粽送亲友。家中布置寿堂，点寿烛，全家团聚，陪老人进餐。翌日早晨，亲友来贺，请吃鸡子面。也有举行拜寿仪式，按辈分、长幼，向老人跪拜。中午或晚上设筵席，老人夫妇坐上位。岳父母做生，女婿坐主席。

---

① 关升：一种盛米器具。

仁里程本海祖父九十岁寿辰合影（1924 年）

20 世纪 50 年代后，拜寿之风不兴，代之以子女给父母买新衣、补品等，或家人聚餐等形式祝寿。70 年代末，寿庆酒席之风渐起。

父母亡故后，逢“10”岁生日，子女要给已故父母做“阴寿”，到坟上祭拜。

宴请席次　新中国成立前，男女分开设席，或分堂、分桌开宴。一般男席在晚上。结婚待新人，女席多在中午。新中国成立后，演变为男女同宴、混合入座。但首席座和次席座仍分男女宾。结婚宴席，娘舅居首席首位，娘舅母居次席首位，姑、姨次之。寿庆时，做寿者单坐首席。丧事宴席，抬重（棺材）者居首席。建房起屋安排宴席，木、砖、石工匠师傅坐首席和次席，朋友次之，亲戚又次之。席间，主人逐桌敬酒敬烟。开宴前半小时，放 3 次爆竹，称“催席”。宴罢，放 3 次爆竹，称“散席”。

节礼　禁忌

时节礼　农村四时八节，晚辈送至亲长辈礼品，称“端时节”。民国时期，春节、端午、中秋必送时节礼，多为鸡子（蛋）糕、鱼、肉、面及应时茶食。未婚男子、已婚女婿端时节，必送四色礼或饭箩担。新中国成立后相沿，礼数、品种随其心意。平时走亲、访友、探病，兴送糕点、水果、烟酒、土特产、补品等礼物。

禁忌

节日禁忌　自十二月三十晚至正月初三，堂前垃圾扫集到上位头[①]桌下，厨房垃圾

① 上位头：摆在堂屋的八仙桌。

扫到锅灶前，禁倒屋外，意在“财不外流”。立春日，女儿不回娘家，避踏春。大年初一、正月十五，农家不挑粪，不倒粪桶。

出归禁忌 农历正月初七、十七、二十七，不出远门；每逢农历初八、十八、二十八，不从远道归家。若逢忌日，则推迟到家，或赶路提前到家，俗称“七不出、八不归”。婚嫁、出殡，也避此忌。

住宅禁忌 正屋右向俗称“白虎首”，建房时，忌开门阙。正屋座向，忌朝石壁或山、池塘等。房屋临三岔路口，立“泰山石敢当”碑刻于墙根，或者在大门前砌“照墙”① 遮挡。

农活禁忌 旧时，按旧历，逢甲日不开仓放谷，逢乙日不栽桑树，逢丙日不装灶（灰窑）烧石灰，逢丁日不剃头。

◉ 婚嫁礼仪

旧俗，婚姻大事全凭父母之命、媒妁之言。婚姻的促成，大致可分为媒合、订亲、成礼、会亲 4 个阶段。

媒合 旧时，一对青年男女如果没有媒人的撮合，是很难婚配的。媒人说媒过程中，还要排生辰、属相是否相宜等，旧俗有“龙虎斗，鼠马冲；男属羊，抖忙忙，女属羊，守空房”等谚语。这种婚姻，都少有感情基础，妻在家庭中处于被支配地位。

新中国成立后，男女自由恋爱，婚姻自主，媒合旧俗退出历史舞台。

订亲

订亲也称订婚，旧时有若干程序，分别是下定、接过门、开礼单、办嫁妆等。

下定 为男女双方婚约之始。经媒人说合应允之后，即进入订亲阶段。下定分小定、大定两次。小定就是经媒人说合，请人审定出生年月日、时辰后，择日由媒人专程带上礼品去女方家下小定，初定结亲。大定即择日由媒人同一位亲戚或一位有声望的本村人，提着四色礼（荔枝、桂圆、麻酥糖、糖果）到女方家相亲。男方上门后，女方家人若满意，就做挞粿（又称团圆粿）招待，暗示团圆，即婚姻关系基本确立；若女方家人不满意，便以点心招待，表示不妥，将四色礼退回。

① 照墙：屏风。

迎亲

接过门 订亲成功后，男方便请媒人到女方家，邀女方到男方家，称接过门。接过门要选一个吉日，女方上门时，男方的父母即未来的公婆要给女方见面礼，送上门衣，还要请近亲作陪。中餐用“三道茶”（枣栗汤、五香蛋、交头面）招待，晚餐一般为炒菜。饭后由男方送女方回家，同时送上发包[①]等礼品。

开礼单 婚姻关系确定后，男方便以女婿身份在四时八节给未来的岳父、岳母赠送礼品，以示孝敬。成婚之前，双方家庭要约定开礼单之日，由媒人到女方家开礼单，定婚期。女方要请人代为书写，礼单内容各家不同。女方开出礼单之后，男方便估计礼单的价值，结合自己的承受能力，给予回单，即将女方开出的礼单部分项目或数字减去一部分。回单交媒人拿去女方家协商，待双方意见一致后，再正式决定婚期。

办嫁妆 婚期确定后，女方则开始忙于办嫁妆。旧时嫁妆一般为“五样红”“一身暖”。诸如子孙桶（红马桶）、木质红脸盆、红脚盆、红饭盆、红小水桶、镜箱、火熥和垫被、盖被、衣物（单衣、棉衣）之类，女方还要给男方做多双布鞋、棉鞋，称“嫁妆鞋”。有钱人家还要讲究被、席、担、抬的数量。一般人家只用红扁担、红篓索、红喜字贴竹篓挑着，有 4 ~ 5 担就是好嫁资了。陪嫁物品大到衣橱、桌、凳、椅等大型家具，甚至还有寿材，小至洗衣槌、瓜子槌等，号称“全幅銮驾”。

---

① 发包：酒酿和面粉发酵做成的小喜包。

新中国成立后，相亲礼节仍在流行，但内容发生了较大改变。

成礼

成亲是婚嫁中最重要也是最复杂的礼仪，一般要持续 3 ～ 7 天。其程序有抬嫁妆、迎亲、婚宴、回门等。男方在喜日前三天就开始宴客，先请管事酒、帮忙酒，而后请送轿酒、喜酒、拜敬酒、会亲酒，最后请谢厨师酒。

抬嫁妆 喜日当天，男方去女方家搬嫁资，嫁资里装“利市果子”（百子糕、花生、瓜子、枣、栗、鸡蛋等），进门后，众人抢取，谓抢“发利市”，象征早生贵子、早早得力。上午出发，午饭前一定要回到新郎家。

迎亲 又叫接亲、接新娘。喜日上午，男方家送花轿，鼓手吹打，燃放爆竹相送。媒人、领亲先生陪新郎随花轿前往迎亲。富裕人家，女婿、领亲先生、媒人坐青轿。既达，岳父家关门，阻轿于门外，待鼓手三吹三打，不断燃放爆竹，数送“开门纸包”后，才开门迎入。女婿进门，鼓乐吹打，先递上“恳”字拜帖，再依次向岳父母及女方长辈亲戚施跪拜礼。新娘家招待接亲人员吃鸡子面。

喜面吃好后，就要“发亲”。燃放爆竹“催亲”，递上“速”字拜帖，意在“催发”。女婿向岳父母跪拜，请求从速“发亲”。催亲三次，新娘兄弟或利市人①背新娘上花轿。花轿出门后，递上“谢”字拜帖，女婿再次向岳父母及女方家长辈亲友跪拜、作揖辞行。

新娘花轿进门，女利市人立于门旁，手执麻秸火把在轿底下绕一圈。花轿停放在堂前大蚕匾上，女利市人开轿门，男利市人高诵颂词，领童男、童女搀扶新娘踩着铺地长袋进新房，众人和唱。

成亲喜宴 新娘进门这天，为男方的“正日”。清晨，宾客前来贺喜，新娘、新郎侍立礼堂两旁回礼。早餐吃鸡子面。上午，新娘、新郎一同祭祖坟，觐家庙。近午时，举行拜堂仪式，新娘、新郎跪拜长辈、亲戚，长辈、亲戚给拜敬钱。中午，待新人，宴请女客，新娘单席单位，女利市人把酒，婆婆到席敬酒。晚上，宴请众客，主人和新郎到席敬酒。宴客散席，新娘、新郎拜天地，然后入洞房。

入洞房之后，青年人常要围场子“吵新人”②。此俗没有一定规则，但喝交杯酒、撒

---

① 利市人：婚庆主事人。

② 吵新人：闹洞房。

帐是必行的仪式。撒帐时，新娘、新郎饮交杯酒，张开腰裾接纳主事人的利市果子，主事人边撒果子边诵词祝福。新娘与众人或乐工合演，或独演小节目。大家不拘礼仪，逗趣取乐。

回门 第三天，女方家派小辈青年接新人“回门”，称“接三朝”。新女婿偕新婚妻子，一人一轿，提着礼品回娘家省亲。上午出发，当天回归。女方家设宴，厚待女婿和女儿。

会亲

会亲也称合亲，一般选在回门的后一天。会亲之后，婚礼才真正圆满。

接亲翁 新郎吃过早饭，提着两包麻酥糖去接岳父、岳母来吃酒。岳父、岳母只收一包，另一包退回，表示只来亲翁一人（岳母一般不来）。当岳父随女婿到男方家时，男方家放爆竹迎接，随后入席。亲翁坐首席，陪客为男方的舅父、姑父、姨夫或长辈等10人（或12人）。这种酒席仅一桌，结束时间也较早。结束后放爆竹欢送，并由女婿送岳父回家。

接发利事 接亲翁后，岳父、岳母要选一个吉日，派儿子来接女儿、女婿回家做客。这一天，都是女方的家人，不需外人作陪，女儿、女婿可以当天回家，也可以小住几日。

◉ 庙会

据《绩溪县志》记载，唐宋时期，迎神赛会多源于崇祭山野鬼魅，祈求地方平安。明清时，迎神赛会旨在祈求保佑地方平安，消除疾苦与灾难。清至民国时期有花朝会、打狟、扮地戏、华佗会等庙会，闰年尤盛。庙会由一村或相邻数村联合举办，会费按人口摊派和大户捐助。明、清兴盛，晚清及民国初期，吸收借鉴工艺、杂技、戏剧、体育等技艺，会况更为繁华，花费倍增。1931年后，庙会逐渐衰落。

八社花朝会 花朝，传为百花神生日，唐朝定从农历二月十五开始，时“春分”已过，大地处处花红柳绿，故称“花朝”。因“花朝”恰逢越国公汪华的诞辰，登源河一带村民的花朝除了踏春赏景外，还有一层深意，就是纪念汪公大帝（汪华）。百姓感

晚清仁里庙会

念他保障六州[①]的丰功伟绩，建庙塑像，敬奉他为神灵，又称他为花朝老爷、花朝菩萨。做过花朝，一年的祭祀才算是告一段落。

仁里、半茶、杨树坑、云龙坞、周村、扁榨坦、竭头、梧村、大庙汪村、庙头、南川、忠周、辛田、七塔、猫儿岱、耿川、间川、上马石、长塘坞19个村庄，曾自动组织了8个社。这8个社的村民，为了纪念汪华，在明末，从正月十八至二月十五轮流在祠堂或村庙举行花朝会。有大、小花朝之分，大花朝12年举行一次，小花朝逢闰年举行。大村仁里要连做三年，小村则两村或三村合做一年（有的做花朝，有的做正月十八朝）。8个社19个村约定每12年轮流一次。

花朝会主要活动是祭神和演戏，地址在南门外“万年台”大戏台。祭神，要到大庙汪村请汪公大帝神像，从戏台对面庙里请出忠壮公神像，而后请上“万年台”，端坐在虎皮龙椅上。台下设祭台，祭台上供着肥猪、壮羊，猪重六七百斤不等（猪、羊养了12年，猪大若牯牛），身上都披红戴花。红烛（大如柱）高烧。供仪有珍馐异果，琼碗数

① 六州：指隋末的歙州、宣州、杭州、饶州、睦州、婺州。

百盏，还摆出村中的奇花异果作为献品。同时展出村人家中的古字画、古铜瓷器皿以及松柏盆景等。有的在“神宫”外掘一水池，池上盖着彩棚，池内养着数斤重到数十斤重的大鱼（称花朝鱼），供人们观赏。此外，满堂挂着各色纱灯、珠灯、铁花灯、明角灯、玻璃灯。迎神赛会上敲锣打鼓，燃放爆竹，抬会猪，撑旗幡，热闹非凡。白天，儿童登台表演武打，谓“打狍”；用重金聘请名班赛演（对台戏），有徽剧（“彩庆”“长春”两大徽班曾来表演），有目连戏，民国年间曾请徽班与纹川“舞狍”班唱对台戏。夜间，继续演戏，还骑火马，执花灯，列队游行。会期中，还表演舞狮，放焰火。

二月十五这天早晨，村民们便穿戴衣冠，大张旗鼓，大放爆竹，迎神游街；戏台下，街巷里，人流云集，甚至有来自外县外省的，可达数千人。值年村子的旅外村民都必赶回家乡参加这一盛会。

花朝盛会的费用由八社村民自由募捐，或摊派丁口。有的社甚至置有花朝田，以每年的收获积累为固定基金。

清乾隆五十二年（1787），曾习幕于绩溪县署的文学家沈复写下《浮生六记》之《浪游记快》，描述了其所见所闻之仁里花朝会的热闹场景。

花朝会八社分布图

打狏 打狏为清道光年间（1821—1850）流行于登源河上游的伏岭下村和下游的仁里村的民间盛会。传说两村皆因面朝恶山不吉利，于元宵节舞狏（古兽图腾）以镇邪保安。狏是用麻布缝制成一种似狮非狮、似虎非虎的凶猛动物。伏岭下村的舞狏先是在街上舞，而后到祠堂演舞，最后上戏台演出。而仁里村的打狏只是在戏台上表演。打狏已发展成约定俗成、一年一度的民间演艺活动。

打狏的演员是从村里挑选的富有表演才能的青少年，年龄在 8 ～ 16 岁。演出的剧种是传统京剧。剧目有《空城计》《武家坡》《捉放曹》《打棍出箱》《活捉张三郎》等。二十世纪二三十年代，程源鹏（演《打棍出箱》）、王安（演《武家坡》）、程源立（演《空城计》）是打狏的能手。

在打狏的日子里，各地到仁里赶集看戏的人熙熙攘攘，卖小吃的，卖水果的，杂货商贩等，蜂拥而至。

扮地戏 明朝，每年农历八月初一，村里必举行别开生面的扮地戏盛会，以纪念华佗。

扮地戏挑选的演员，都是程姓子孙，年龄在 8 ～ 10 岁。他们勾画脸谱，穿上戏装，扮成戏剧人物，只是做动作，不开口说词唱戏，又称“哑戏”。地戏不在戏台上表演，而是穿过村中正街向东南西北“打四角”[①]巡行，故名“扮地戏”。

这一活动由 20 ～ 30 名儿童参加，扮演几个古典戏剧人物。参加的人都遵守长辈告诫，不管轮着扮什么人物，都不能争。戏中最吸引人的一组人物是刘备和五虎将。扮演刘备的儿童，身着锦绣大红龙袍，头戴皇冠，脚踏高靴，挥动马鞭，威风凛凛。他身后还紧跟着一名女孩子扮演的孙夫人，她怀抱着木头仿制的小阿斗，神气活现。扮演五虎将的孩童，身穿铠甲，头盔上插雉毛炮（翎子），摆上架势，舞枪弄棒，个个都似小英雄。

华佗会 明清时期，仁里的北门头有座华佗庙，供有华佗、李王、土地菩萨。

旧时农村缺医少药，仁里有人想出一办法，搜集、精选了 100 多条常见病、多发病的良方，编成签书，在华佗庙内设签书筒，病家先去拜菩萨求签，根据求得签号，再到街上广福堂药材店翻签书配药，广福堂的店老板有丰富的医药知识，接签后问清病情，按签上药方抓药，或酌情改动药物。这样细心处理，治病效果不错，远近相信华佗庙能“开方看病”的人越来越多。

---

① 打四角：意为村中所有拐角处。

每年农历八月初一，民间有杀鹅祭祀华佗的习俗。因仁里乡间养鹅人家很少，病家就拿白公鸡来代替，杀鸡时把血洒在墙上。后来不少人家干脆买只纸扎的鹅祭祀，形成风俗。年长日久，庙内能挂之处都挂满了纸鹅，庙外有棵大柳树，枝条上也被挂上许多纸鹅。

民国时期，有一位叫汪良琪的信士弟子，为感谢庙内华佗菩萨救治其大儿子，花重金请歙县楹联大家鲍鸿太撰文，请歙县书法家许承尧写了一副对联，用木板雕刻悬挂在庙柱上："国岂难医，统一良方，争奈纵横三足鼎；人宜勿药，无双妙诀，但须检点五禽图。"

◉ 特色物产

绩溪火腿 仁里人将自养的年猪在腊月里宰杀后，将后腿腌成火腿已成习惯。每年几乎家家杀年猪，户户腌火腿。火腿腌好后，挂在屋檐下、房梁下，通过晾晒制成，随吃随割。火腿可作菜肴的主料，也可作辅料调味。火腿做菜肴适用范围广，与山珍、水产、蔬菜、豆制品均可配搭，可清蒸、混蒸、清炖、混炖、炒、做羹、做汤、火锅及做点心、小吃等。火腿炖甲鱼、火腿炖冬瓜、火腿炖鲜笋、清蒸火腿等均为徽菜佳品。

绩溪火腿

竹笋

做发包

绩溪绿茶 仁里群山环绕，郁郁葱葱，登源河水充沛，气候宜人，周边山峦海拔不高，多为中低山冈，土少石多，可种植茶树，采摘期为每年清明至谷雨期间，选摘初展的肥壮之嫩芽，手工炒制，该茶外形微卷，状似雀舌，绿中泛黄，银毫显露。入杯冲泡雾气结顶，汤色清碧微黄，叶底黄绿有活力，滋味醇甘，香气如兰，韵味深长。

蕨菜 蕨菜是一种野菜，生长于田边地头、山坡荒地、林下。蕨菜营养丰富，素有“山菜之王”美誉。其嫩叶茎可鲜食、腌渍，或制干。每年的3—6月采收，选粗壮的蕨菜嫩茎叶脆嫩部分，除尽杂物，下锅后放水，加盖，大火煮沸后立即敞开，煮3～5分钟，煮好后出锅，投入凉水中降温，捞出晾晒，边晾晒边揉搓。晾干后，加工成蕨菜干。

竹笋 仁里毛竹、野生竹密布山野，10月挖冬笋，收至翌年3月。3月，毛竹、早竹等陆续出笋。4月为采笋盛期，笋多量大。5月，主采刚竹（麦黄笋）、水竹、木竹和金竹等笋。进入6月后，只有高山阴凉区有少量鲜笋出产上市。竹笋为农家主要的蔬菜品种之一。

竹笋中含脂肪少，纤维素多。民间有“吃一餐笋刮三天油”的说法。竹笋可新鲜食用，也可烘烤制成笋干，一年四季皆可食用，仁里人家待客必有笋。

干豆角 农家将新鲜豆角用清水洗干净，放入锅里煮3～4分钟，而后一根一根晾在拉好的线上风干，或是晒干（烘干），晒干后一扎一捆放入有内膜的编织袋中，方便储存。食用时，用温水泡开，再切成小段，和肉一起炖，冬天可做火锅。干豆角虽然没有新鲜豆角口感鲜嫩，但嚼起来更加劲道，烘干的豆子也更加醇香，吃起来口

晒干菜

感独特。

仁里“九碗八” 每逢嫁娶、寿诞、建房、乔迁等喜庆之日，为款待前来庆贺的亲朋好友，主家必办宴席，少则七八桌，多则几十桌，每桌筵席有冷盘、热炒、汤羹、主食、酒水等。“九碗八”是个吉利数，“九”与“久”谐音，“八”与“发”谐音。“九碗（盘）”是大菜，依次为红烧鸡、炒粉丝、发包、焖粉、猪脚炖干笋、豆腐肉圆、红烧块肉、酸辣汤、红烧鱼。“八”是冷盘，有卤猪肝、卤猪肚、卤口舌、花生米、红枣、皮蛋、海蜇丝、瓜子等，也有的根据时节，摆放橘子、苹果之类的水果盘。掌勺的大厨是村里人，妇女当助手，村民主动来帮忙。

旧时因经济困难，村民办白事一般摆“六大盘”，有红烧鸡、炒粉丝、焖粉、苗馃、萝卜杂烩、红烧鱼。20 世纪 80 年代后期，随着人们生活水平的提高，“六大盘”也改为“九碗八”了。

仁里“九碗八”

葫芦潭水口

艺文　杂记

仁里村历来人文荟萃，宋朝时就被苏辙赞为“文风甲于一邑”。仁里人所著诗词歌赋、散文、小说、专著不计其数。本类目录入仁里籍作者的部分作品，更多著述以书名收入仁里历代著作简表存留。本类目还收录了部分非仁里籍人士的与仁里相关的作品，他们从不同的角度审视仁里，使仁里的文风形象更加丰满。

◉ 诗词

迁居

〔唐〕程药

挂幕群峰古富阳，移居程里兴偏长。
仰思祖墓蒸尝缺，遥望松楸奠一觞。

远眺富阳桥

游石镜

〔唐〕程药

天上何年悬玉镜，山中千古一团团。
光涵万里尘埃净，彩落九天风露寒。
当日有心照黄犬，长年无意对青鸾。
朱颜绿鬓同游此，莫作寻常一样看。

谒越国公祠

〔唐〕程药

越国崇祠紫翠间，长松修竹锁溪山。
贞碑勒记传今古，野渡横桥任往还。
排闼群峰青历历，绕城流水碧潺潺。
当年香火存忠烈，箫鼓春秋乐圣颜。

辞灵惠庙归过新兴院书其屋壁

〔宋〕苏辙

来时稻叶针锋细，去日黄花黍粒粗。
久病终惭多敝政，丰年尤喜慰耕夫。
青山片片添红叶，绿水星星照白须。
东观校雠非老事，眼昏那复竞铅朱。

南窗书舍

司空图 ①

高人筑室作幽居，为爱南窗日赋诗。
门对翠屏环秀色，窗留黄卷悦明师。
一枝仙桂秋香早，百尺松萝夏荫迟。
况是世传忠壮谱，已将声誉达天墀。

石镜　　　许智辉　摄

① 年代无考。

南窗书舍

曹松 ①

潇洒幽居筑数间，开门却对富阳山。
延师教子心常切，留客弹琴意自闲。
绕居松萝云漠漠，跨桥溪水日潺潺。
何时一造寻仙隐，酌酒谈诗共往还。

石照山

〔明〕程通

表里空通一片明，不磨不拭自天成。
半岩坐立山川秀，万古光含日月精。
春暖野花妆异态，夜寒山鬼泣真形。
何年移贡归天府，纵有奸邪孰遁情。

题登源绿照亭

〔明〕程通

绿照亭前景物都，向人何用说西湖。
雨余春树翠如染，云尽晚山青可图。
近水有窗先得月，凭栏无客不携壶。
莫辞烂醉扶归去，王道而今似坦途。

仁里八咏

〔明〕程溥

幕山泉

幕山平似剪，淘淘得新泉。流绕田塍去，源从石罅穿。
掬来堪弄月，听处若鸣弦。一畝宁怀利，惟教瘴疠痊。

① 年代无考。

山眼塘

楼台山下水，间世一番清。风蹙罗文皱，云开镜面平。
龙宫惊变态，鸥社谩寻盟。不是钟灵物，何由此著名。

隐张岩

四望仁山秀，仁山第一峰。飕飏空中鹤，云合雨行龙。
错落犹黄石，婆娑尚赤松。留侯堪驻此，图志说奇踪。

宝龟墩

一拳灵璧石，沙啮几经秋。赑屃从天落，鼋鼍抱日游。
印文成左顾，砥柱扼中流。渺渺仁川水，钟奇卒未休。

富阳桥

一梁横水面，立遣往来通。不费褰裳力，还成济涉功。
饮虹投涧底，役鹊卧河中。更爱桥边柳，枝枝飏暖风。

四开亭

凿井当四角，相传镇此乡。万形涵宝鉴，一色护银床。
会赛元宵烛，分烧午夜香。醒心宜续记，小篆旧亭旁。

新兴钟

蔼蔼人烟外，遥遥古寺钟。梵音来上界，余韵过前峰。
岁久看追蠡，晨熹动钵龙。令人深发省，相约抚尘客。

世忠祠

赐庙家山里，全书揭世忠。神功千古振，祀典一乡崇。
荐藻来村叟，称觞进乐童。自应余泽在，歌舞遍东风。

书院

〔明〕程辂

虚詹隐隐浸寒流，门对屏山分外幽。
环碧亭前梅信早，翠寒轩外竹光浮。
疏缘谏草留青琐，喜共诗书到白头。
何日天风吹雨去，千峰明月满廉钩。
绕居松萝云漠漠，跨桥溪水日潺潺。
何时一造寻仙隐，酌酒谈诗共往还。

赋得松色带烟深　得深字五言八韵

〔清〕程秉钊

一带虬枝古，松岩暮色沉。涛声空外响，烟景望中深。
落落延青霭，霏霏衬碧阴。光凝迷鹤梦，黛冷息龙吟。
蔽日参千尺，和风约半林。钗长宜染画，幂邃称眠琴。
樵径凉堪挹，渔炊湿欲侵。岁寒征劲节，茂对惬宸襟。

仁里八景

程东屏

富阳春晓

绿杨啼宿鸟，晓雾罩桃红。此景今何在？时萦春梦中。

石洞祥云

云封石洞间，吾意欲登云。移时忽散去，返照落红曛。

龙屏积翠

积翠疑浮黛，苍然耐远看。竭来翘首望，飞鸟灭云端。

龟屿浮烟

吾晓瞻泰岱，龟山恒蔽之。居恒雠浮烟，此意知若谁？

鹤渚迴澜

惯遨鹤水渚，来往几盘桓。白沙深几仞，何日复回澜。

槐墩夕照

家居槐墩麓，夕照落吾墙。独步复长啸，村人目我狂。

茅山夜月

结茅在山隈，中夜起谈月。世事不复省，谁知月圆缺。

大庙晚钟

课余登高楼，神驰越王庙。钟声风送来，望古一凭吊。

咏校中五古柏

程东屏

君生是何年，君将何年死，愧煞桃李华，终莫敢仰企。
君是何年来，君将何年去？主人礼弗衰，愿且留此处。
君故生于山，君今困于盆。君果非无知，是否甘盘根。
君号涉世久，君已阅人多。我今来君前，君其谓我何？

为序东扇题诗

毕醉春

一间茅屋数株树，个中别有真妙趣。
幽人寄托本不凡，闲看秋鸿自来去。

玉楼春·绩溪近郊

程虚谷

斜阳芳草西郊路，舞蝶歌莺憨不去。花繁绿树水边枝，柳飏青溪烟外絮。
浣衣溪上谁家女？笑靥迎人衣缟素。溪山如画画中伊，赚得行人屡回顾。

醉花阴·晚眺

程汝宁

淡淡炊烟浮远岫，看晚霞如绣。绿水荡微波，一阵蝉声，恰似笙歌奏。

牛羊饱腹群归后，正月光初逗。极目望云中，隐隐茅山，深处依稀有。

少年游——为程宗铎回乡作

程中一

烽烟万里少时游，投笔觅封侯，岷山踏雪，锦城栽柳，展志逞风流。

头斑竟苦无声息，暗起故乡愁。思诚夜读，大庙朝歌，泥爪几存留。

感上苍

程良骏

千里归来感上苍，故乡今日是新乡。

郑家巷里婆留影，白石鼓前泪盈眶。

有韵无弦弹不得，无功有德坐何妨。

松塘三跪明心志，击水回澜字万行。

还乡书感

楚茹

四十载归发半焦，溪边清水觅鱼苗。

山头石碎无腊树，少年乡梦已迢遥。

身在异地思华阳，四十年来几断肠。

前年重见亲人面，是悲是喜转迷惘。

金缕曲·母女情

程星星

年十三回首。感时光，流星似水，不能重渡。攥母手池边闲步，当年我还年幼。

谆告诫，母沽杯酒。稚气天真身纤弱，骤离家，母日担忧透。女渐长，母随瘦。

顾柴门绿荫枝后。几回头，恋恋亲情，浓浓依旧。点点滴滴甘霖血汗，幸得来瓜与豆。

女长大，风华方茂。展翅雄鹰飞海角。沐春晖，掠浪问风口。情永在，比天久。

兄弟会感言

程本钊

沧桑岁月如云烟，绩溪离别正抗战。
六十三载长相念，昆明欢聚太平年。
乾坤再造悲喜剧，童稚分散耆耄兄。
积善之家多人杰，乔居西南万代传。

咏钝庵书法一首

——《绩溪程东屏先生书法选》出版

郑秉秀

梁安今古论贤士，
德劭才雄列钝庵。
品至高时神附笔，
书坛高雅伟儿男。

敬怀新安耿氏始迁祖源进公

耿培炳

我公祖籍桃源里，历任府京贵显官。
解甲优游白阳岭，休闲赏览石照山。
卜居仁里发祥地，兴建钦恩百步街。
赫赫功勋昭谱牒，悠悠盛事永追怀。

晋谒源进公社旺公墓园感赋

耿培炳

二公合墓罗油磅，未向丑山地势优。
螃蟹出泥形象壮，荷花映水藻塘幽。
葱茏古木枝丫茂，秀美山川稻菽稠。

报国高风存典则，先人安息可无忧。
诗礼流传古至今， 国恩祖泽海洋深。
不谋高位贪权势，欲喜贤儿育孝孙。
风动椿木忧切切，霜凌萱草虑忡忡。
年年佳节宜家祭，飞霜凌冰也必行。

◉ 文汇

仁里赋

章锡辉

古邑绩溪，文化名城。千年仁里，华夏名村。青山环抱，绿水依流。山水佳胜，人文璀璨。

千年仁里，山清水秀，文脉悠长。北枕龙屏山，南临登源河。疑是桃源境，耿程卜居地。梁朝尚书耿源进，雅慕新安好山水，与弟汝进游登源，“仁乃二人”名仁里。明末社旺迁鱼川，百步钦街话辉煌。唐代程药过富阳，半城半乡宜耕读。篁墩移迁族兴旺，从此仁里又程里。槐塘宏祖三兄弟，“莺迁择里”续传奇。

千年仁里，崇文重教，俊彦如林。苏辙赞药公，人文甲一邑。程燧创“翚阳”，程

仁里东部一隅

轺办“石泉”。“龙屏”“南岗”“怀竹”，“龙山”“柳庄”“澄清”。“聚星”四兄弟，捐资办新学，“思诚”与“端本”，徽州开风气。书院学堂代兴旺，英才辈出皆称雄。“笃于孝友”程九皋，投奔岳飞抗金兵。“淳风范俗”程士尹，积财周济称义士。程溥建祠著宗谱，“去思碑”里现民意。钦点翰林程秉钊，命运多舛称奇士。徽商巨贾程序东，南通典当兴一城，乐善好施有口碑，倡导新学办“思诚”。乐亭赠金助胡适，作诗立传念千丰。儒林风雅程东屏，楷隶行草一支笔。教育学家程本海，追随行知《在晓庄》。土木专家程士范，淮南铁路誉五洲。杏林妙手程达人，北京“观礼”会“群英”。数学专家程仰垓，教学科研五十载。亚东学徒王子野，出版翻译集一家。工程院士程莘农，小小银针创程式，辨循经络成国医，“针灸传扬”勉后学。科学院士程开甲，茫茫戈壁隐姓名，“两弹”元勋铸核盾，“八一勋章”见忠诚。

千年仁里，唐宋韵味，明清缩影。上接汪村，下连湖里。古道重镇，徽杭要津。水陆码头，三县通衢。前街后街东西井，中街繁华达两府；前巷后巷九思巷，“兰屏”“吉祥”十家巷。“还童公祠”五代堂，“淇源瑞霭”说洋楼。一门三阙忍先堂，“松茂兰馨”退省斋。叙伦堂、光启堂，宗祠奉先传道德。“三字经”“四同歌”，族训教人行伦理。仁德堂、诒穀堂，徽居堂号述家史。墓道坊、世肖坊，牌坊耀祖名乡里。东有宾阳西秩成，北极星辉南迎熏。车水马龙人如潮，日启夜闭村似城。三街四门十八巷，千灶万丁大程里。

千年仁里，今又逢春，名扬华夏。《浮生六记》述花朝，《记住乡愁》说仁里。网络“众筹”修古居，央视“欢乐”唱民歌。富阳春晓迎宾来，茅山夜月送客归。千年仁里展古韵，上河徽院谱新曲。

阳光

楚茹

老屋中的阳光，就像鞭痕一样，深深地烙印在我的记忆中。老屋坐北朝南，晨曦从龙须山的方向亮了起来。慢慢地，阳光从天井中爬了进来。其实太阳并没有移动，而是地球的自转。

太阳停留在屋内的长短，要看节令的时序而定。太阳在西边的屋檐上，随着地球偏斜的转动，你感觉到阳光正缘着楼上的梁椽在往下溜，溜下了西边的板壁，像一条稍宽的带子，斜斜地拖向中堂西侧的板壁，然后爬向中堂西侧的茶几和木椅上中堂的板壁，这抹阳光是够不到的，最多只到达中堂八仙桌的脚旁。一过了冬至，阳光停在屋内的时间，就会慢慢长起来。那条带状的阳光，也会愈来愈宽。屋内的人，从阳光的停留，感到了时光的流逝。不必去看时钟，就知道这一天该做什么事了。啊呀！快做午饭去，阳光快到正堂中央了。阳光到了东侧梁椽上，炊烟又起了。地球又背了过去。生活在感觉中的人，不见了阳光，只好在灯影幢幢的昏暗中去找地方安息了。

阳光在屋中逗留得愈来愈久，气候就跟着转暖起来。九九消寒图，在这样的老屋中，还不如这抹阳光来得实用。到了阳光将中堂的灰泥土地晒得暖和的时候，阳春三月的日子近了。油菜花盖满了田野；禾苗的嫩绿色，也将愈来愈秀丽。走在暖暖的阳光中，慢慢会觉得燠热起来。天井中进来的阳光随着热力的加强，也带进来令人昏昏欲睡的土蜂那低沉的嗡嗡声。土蜂喜欢在梁柱上钻孔。嗡嗡声响了一阵之后，倏然消失了。蜂儿已钻进它挖出的孔里去了。不久嗡嗡声又响起，它飞舞一阵又钻了进去，或者从天井中飞走了，过一会儿再回来。整个漫漫长夏，它都会陪伴着你的。阳光快要从天井中直射下来时，时令已近夏至，端午约莫过了不久。那日光之中，通常都摊着些冬日的衣物，或是书籍、画卷在曝晒。吃了端午粽，棉衣棉袄送。然而到了阳光几乎是直射时，阳光却又开始往回走。满天井的阳光开始变狭了。和这相反的，是夜晚的月光。夏夜里那狭窄的带状月光，已移到中堂外侧来了。举头一望，月光如水，稀星乍有乍无，真个是“天阶夜色凉如水”的大好秋凉天气。明天，趁着晨曦初上的时候，母亲会督促你穿上夹衣或是薄棉袄了。走在早晨的阳光中，那种似燠而当秋风飘来时又有无限舒适的感觉，就像母亲有时那种过多的关爱。那种真挚关爱——像那永远的阳光。

然而，无处不在的阳光，却不能给人永远真挚不变的感觉，离开了老屋中相伴着我度过童、少年的阳光。有很长一段时间，我几乎不知道有阳光的存在。生活环境改变了。我不知道阳光会在什么地方出现，也不知道会在哪里看见它消失。偶然走在阳光中，我会推想，老屋中的阳光在什么地方了。生活安定了以后，踩着孩子的摇篮在写稿时，瞥见窗外掠过的阳光，总是有似近又远的感觉。失去了母亲那种似燠而却舒适的关爱，阳光似乎也变得疏远了起来。

终于，四十多年后的一天，我又回到老屋中。一次是梅雨季节，阳光没有露脸。一次是在阳光无力的初冬。黝黑老屋中，得势的蜘蛛，虽在冬寒中躲得不见了踪迹，却在天井中留下半壁横斜的蛛网，伴着本已微弱的阳光，示意游子，居停久已无主人。

再坐在相守了也有廿来年的落地窗前，望着窗外，我廿年来几乎近于视若无睹，匆匆在地球转动时，那忽而隐匿，忽而闪现，灿丽、热力如故的阳光。啊！阳光并没有变动过，真挚依然。而有情世界中的那份真挚，也会和阳光那样，在生命中随着阳光，永远在流转。

唐金乡尹东升公传 ①

〔宋〕苏辙

公讳药，一讳旭，东升其字也。为程忠壮公十八世孙。忠壮公以射蜃起义，保障新安，其勋业彪炳史册，毋庸赘言。曾祖沄公，值黄巢之乱，有乃祖风，亦起兵捍御，累著奇绩，授歙州都知兵马使，东密岩将，封金紫光禄大夫兼御史中丞上柱国。祖仲节公，诞生于东密岩寨，有膂力，善骑射，佐父出征，获胜算者，再以功授兵马先锋。父焕公，饬内政，不事粉华，处乡里以诚信，训子侄以义方，盖谦谦君子也。公之先世，累以武显，而公独弄柔翰，淹贯经史，有诗名，著述甚富。唐光化之年，时方弱冠，有司奇其才，以秀士荐举诏授金乡县尹，莅位后兴利除害，明允果断。吏役惮之，士民往之，其善政有令人去思者，不可殚述。秩满，征不复起，慕陶元亮之风，折为耻。解组后，徜徉山水间，作诗自适。尝过绩溪县，访石镜寺，游登源洞，谒司马墓，拜越国公祠，所至之处，题咏殆遍。族之父老犹传诵之。及经富阳桥，见山水佳胜，半城半乡，宜耕宜读，“诚足以宅吾也”，隐有留恋不忍去意。但其地未经，其名莫识，询之樵者，以“程里”对，公以与其姓为兆也，遂由歙而徙居焉。公之为人，贵不倦勤，富不忘俭，尝阴行善事而不欲人知。娶崔氏，贤淑内助，生三子，长令范，次令翰，三令回，世居程里。至今人文之盛，甲于一邑，非公之盛德，焉能有此哉！公氏合墓于周藤坞。

论曰：士人当读书自命时，无不以气节自励，及登仕宦而初心殆变。其显官作福作威，贪酷不仁；其衙官奴颜婢膝，作如许摇尾乞怜态。举平日所以贵于人者，无不以身试此心，尚可问哉！倏然自远，视簪组为敝屣，隐后惟以积善贻后人，宜保世滋大也。孰谓显官之复无替人哉！

五古柏记 ②

程宗鲁

五古柏寿，不知其纪也。名之以形似，曰苍龙出海，曰丹凤朝阳，曰祥云捧月，曰

① 原载《绩溪·千年仁里》。

② 原载《思诚百年》。

思诚学堂五古柏

仙翁张盖，曰一缕烟。故老相传，为南宋御园物，或曰六朝所遗，弗可究详已。其来吾徽，始有明乡先达胡襄懋公（公讳宗宪，号梅林）。公宦游归里要之俱来，辗转入吾仁里程氏家塾北园中，无虑二百年所矣。主人爱重弥至，不啻璆琳。世变频经，未遭摧挫。清咸同间洪杨之乱，不辱于兵燹。遐迩笃古之士闻风亲来鉴赏者，岁不计人。胡公雪岩闻而慕之，知不可以黄金有也，乃遣使说主人，原媒之以官爵，俾割爱出让。时主人翁族伯济生，恬澹士也。曰："斯乃吾祖之遗，居我家园中，安之若素，一旦谢去，而我因之作出山云，非吾志也。"婉谢之。胡公莫能夺。益谆告子侄孙曾，加珍护焉。迨清季北园主人序东，锐意兴学，族兄松堂与为同志，协议拓私塾讲舍，创设思诚学校，柏遂褒然为校园百卉长老。时贤来校参观者，咸以得遂瞻仰古貌为荣，柏亦阅人多矣。清社既屋，共和建国之初，予尝来参教务。授课之隙，盘桓园中，时时展对，相喻于无言，乐共昕夕，数载于兹。后就省立第二师范学校聘，课余独步，每值日朗月明，风光澹荡，回忆旧园，悠悠我思，不禁神移久之。隶还守故宅，蛰居里闬，时来园游，不觉爱护兹校，暨珍惜此老者。绵挛错互，时萦胸臆，弗自知其所以。乃今校中莘莘学子，弦诵之声，琅琅不绝。古柏俯视童辈，头角峥嵘者不乏人，老安少怀，忻然自幸得所，其留恋于兹，弗肯他徙必矣。愿后之来者敬礼有加，柏当老而弥健，犹能傲炎炕、凌冰霜而不改其故貌，与兹校之卓尔特立潮流中，永永不为所震撼，日征月迈，同晋无疆，于以动远识高怀者之遐想，其欣幸为何如耶！思诚学校三十周年纪念，作此为五古柏寿，即用为思诚学校祝告民国纪元二十一年十一月三十日程宗鲁逌盦记。

重修仁里免征地记①

自秦废封建，汉易其制，郡国并行。魏晋以后其制尽废，于是乎国之酬勋，遂有汤沐邑之赐。免征地者，汤沐邑之遗意也。帝国之世，凡有勋劳于国者，皇上赐地，世荷免征，其地叠砖为之制，与民地异。以皇上钦赐，故又名钦街，子孙世守，荣宠无比。予少以观剧适仁里，过东井，履砖砌之路，见路形低洼，状甚古。注视久之，里人相告曰："此耿尚书百步钦街地也。"予聆其言，怦然怆然者久之，乃回忆予所闻于先府君者，今则身履其地，为唏嘘凭吊者久之。及返，甫入门，先府君即垂询仁里我姓免征地甚悉。予乃兴所闻所见者以对，先府君曰："我始祖尚书公自工部解组归，雅慕新安山水，故为新安山水游。"盖新安大好山水著闻当代，一时名流，往往不远千里，不惜轻弃其生长里居，卜迁斯地者，故我尚书公自桃源远来华阳，游石镜，过白阳，以仁里山环水抱遂卜居焉。言已嗟叹者又久之。盖仁里者，我耿氏南迁发祥地也。我耿氏之在仁里免征百步古迹仅存，乃蒙泉硕果之所留贻我祖宗之灵所呵护者也，他无闻焉。岁辛卯仁里程氏修筑村中街路，议易我免征地以石，友人程君硕夫以免征地关系我姓古迹，寓书于予征意见。予以我免征地之在仁里受先朝之赐，流传至今不没者，乃祖宗功德之所关为特重也，以一村之公德论宜修葺，以一姓之古迹论宜保存，二者得兼，惟有我姓出资购砖，程氏修路，以砖易砖可也，如是者遣使赍书往返者数次，卒推族裔觐文往与其村巨绅程君韵兰磋议久之，始定我姓出银币十元为购砖之费，程氏筑路仍遵免征地制，以砖易砖，惟去其旧之破裂者而新之，纵横长短之旧形，此重修免征地之大略也。光阴荏苒，忽忽二十年。今年冬我祠编纂宗谱将告竣，乃追叙其始末，濡笔记之，以告来裔。

◉ 碑记

石泉书院记②

石泉程子拜谏议之明年，以直言放归，又明年乃构屋数楹于清溪之上，即所谓石泉书院者。庭前凿池跨石亭其上，曰"环碧"；厅后松柏森然，颜其轩曰"翠寒"；周遭

---

① 原载1919年《鱼川耿氏宗谱·卷之七》。

② 原载《程里程叙伦堂世谱》卷十一。

石泉书院门楣　　　　　　　　　　　　　　　　　　许跃光　摄

杂植花卉槐柳，又别构一室于东北隅，曰“南窗”。予每造而问焉，石泉子曰：“兹实吾祖侍郎公之故址，‘南窗’，其旧匾也。世远鞠为蔬圃，惴惴焉，惟坠先业是惧。而前有石泉，又吾童子时所钓游者，取以自号，订夙契焉。内匾‘南窗’，外曰‘石泉’，皆以是不忘也。自分永弃，惟日率子弟藏修其中，以求无忝厥祖，无负我圣明包涵祚养之恩。暇则课童灌花，客至临流觞咏，下榻倾倒，必尽兴乃已。若屏山竞秀，柳堤拂明，石洞生云，龙泉喷玉，又书院之大观也。吾子知我者，曷记之。”予为君子之道二，仕与隐而已矣。出则仕，不出则隐，仕隐存乎所遇，而道实随之，要不可以差殊观也。石泉子仕且隐矣。即之一役，而众美具焉。夫业不忘先以敦孝也，学不忘教以示慈也，爱不忘君以教忠也，契不遗旧以崇信也，抚景适情，随寓自得，又可以观量也。孝也，慈也，忠也，信也，量也，以之而仕，以之而隐，固君子所谓道也。若韩子不以有道之士，许阳城谓其或懵于是也，然则石泉子将不得为有道之士乎哉！请以是赠。

百步钦街记

“百步钦街”为南朝梁大同年间（535—546），梁武帝赐工部尚书耿源进的百步甲第地。其地叠砖为之，与民地异，世代可享受免征地税的优惠，因是钦赐，故名为“钦街”。耿源进，淮阴桃源人。职任至老，衣锦返乡，授敕符命札书一道，归身执证。因仰慕新安山水，与弟耿汝进游历之。在华阳游石照山，过白阳岭，至仁里地域，以其山环水抱，风光旖旎，山水灵气，兄弟二人徙居之，名其里居曰“仁里”。其后程氏迁入。在保留“仁里”称谓的同时，又称“程里”。“百步钦街”位于仁里东井地段，青砖竖排铺筑（俗称钉栓砖），意为金砖铺地。旁有官厅，并造廊亭，遮阳避雨。文官至此下轿，武官至此下马。现官厅、廊亭已毁，道路仅存长 28.1 米、宽 1.8 米，至今已有一千四百多年的历史。该街自南朝建成后，历代耿姓子孙多有修缮。其后，耿源进的后裔于明末迁往鱼川、巧干和广德耿村，该路便失去了耿姓子孙的维护。光绪二十五年（1899），仁里村人曾联合鱼川耿姓后裔进行修缮，并撰写了《重修仁里免征地记》，留下了两村两姓人合作维护古迹的佳话。

2006年6月，仁里村在实施新农村建设方案时，村委会与村中贤达，邀请耿姓后裔培炳共商维护“百步钦街”古迹，以传承中华传统文化。耿姓后裔积极配合，仍以清代先人商议的办法进行，“耿姓购砖，程姓修路，以砖易砖，除去其旧之破裂者而新之，长宽如旧形”。

特为记并立碑纪念！

二〇〇六年七月

（耿培炳撰文）

思诚希望小学碑记

仁里思诚希望小学，其前身是私立思诚两等小学堂。清光绪二十八年（1902），里人程序东兄弟4人捐资兴办于村北龙屏山麓。始建3层楼校舍，辟东西两花园，遍植花卉，尤以五古柏为思诚镇校宝树。

创办时期学校设初、高两等学制，聘请名儒胡晋接为堂长，重金聘纳徽属各县名师任教，远近学子慕名就学，开徽州现代小学教育之先河。晋接掌校8年，成绩卓著，享誉省内外。1918—1930年间，学校经费紧缺，继任校长程树勋、程东屏、程翼堂向旅外同乡募捐，学校教学得以为继。抗日战争爆发，学校一度迁至毛儿岱祠堂上课。1942年学校改称登源乡中心小学。

建国后，改名仁里小学。1972—1979年，学校附设初中班，学生数增至300余人。1995年争取“希望工程”款6万元，又经校友、旅台同乡集资，建成我县第一所“希望小学”。2002年12月，学校举办百年校庆，编辑《思诚百年》一书存史。经县教委批准，正名为“仁里思诚希望小学”。2004年上海冠松集团捐资30万元，为校舍全面装修改造。学校现已成为一所花园式农村小学。

思诚小学历经百年沧桑，始终贯穿胡晋接先生倡导的“诚”的教育，校风正，教风谨，学风浓，培养了王子野、程仰垓等一批杰出人才。

今立碑，为铭记前贤和政府重教之善举，不忘思诚代代名师治教之精要，传承思诚办学之理念，载德传薪于后。是为记。

中共绩溪县委　绩溪县人民政府立

二〇〇六年元月

书目存录　仁里历来人文荟萃，从宋元以后，历代乡贤村人著作无数，有些已经散佚。

仁里历代著作简表（不完全统计）

表 6

朝代	作者	主要书目
元	程相	《环谷集》若干卷
明	程浦	《书经会要》《程氏宗谱》
	程通	《程氏志谱》、《绩溪志》、《贞白遗稿》十卷、《显忠录》二卷
	程溥	《程氏宗谱》《程氏志略》《绩溪志书》《经会要文稿》
	程儒	《绩溪文献诗》《程氏世肖录》
	程济	《从亡随录》
	程辂	《应言集》《石泉诗稿》《兵垣奏议》
	程邹容	《逸趣卷》
	程世大	《南山课业》《仰思轩集》
	程定	《后野集》《金台遗稿》
清	程途远	《说经随录》《屏山遗稿》
	程坦然	《四书标旨》
	程鼎敏	《诗书两经注疏纂要》
	程本遐	《脉正指疑》《医方类》
	程秉钊	《绩溪备乘》《淮南子补注》《龚定庵年谱》《琼州杂事诗》《少师长室文存》《知一斋尺牍》《龚学古今体诗》《丹茎诗余》《感旧集》，与赵之谦合著《江西通志》等
近代、现代	程树勋	《程世禄堂世系谱叙》
	程东屏	《钝庵诗选》《理董中国文字问题发嵩》《文字学》
	程本海	《三年来的龙川乡师》、《乡村教育》（与王琳合著）、《乡村师范经验谈》、《安徽普及教育写真》（陶行知题署）、《教育视导之路》、《如何做教师》、《程本海回忆录》等
	程扶锴	《徽州乡土地理》《中华民国地图》《全国铁路图》，与胡晋接合绘《全国航道图》《全国邮政图》
	程士范	《皖南轻便铁道刍议》
	王子野	《槐下居丛稿》《没有讲完的故事》《漫谈十景病》，译著《思想起源沧》《财产及其起源》《西洋哲学史简编》《新编哲学史》《历史唯物论》《近代史教程》等

续表 6

朝代	作者	主要书目
近代、现代	程扶铃	《1988 年中国出版年鉴》(与人合编)
	程宗潮	《论汉武帝罢黜百家独尊儒术——兼论秦汉的封建教育》《世界教育史》
	程本钊	《汪昂医学研习》《中文常用字典》《安康策略》
	周斯松	《周斯松画集》
	楚茹	译作《生命的智慧》《片玉集》《愚人船》《去问爱丽丝》《林肯的智慧》《华德狄斯耐传》《追忆似水年华》等 20 余种,著作有《谈文说艺》《傻人傻话》《象外微言》《种山棚的人》《佛经与邪经——泛论文学作品的翻译》等
	程扶玖	《生物无机化学》(合译)
	程干远	专著《小城镇的行政法律管理》《中国沿海开放城市行政体制改革新格局思路》,主编《行政诉讼法讲座》《行政诉讼法新论》《城市政府行政执法导论》《教育行政法概论》
	程扶昶	点校《戴震全集》(部分),与人合编《思诚百年》《绩溪程东屏书法选》
	汪俊赓	专著《萤光集》《九十年仁里缘》,与人合编《绩溪·千年仁里》《绩溪程东屏书法选》《思诚百年》《程本海研究》

◉ 社会调查

程宗潮于民国时期写了两篇关于仁里村民生状况、社会状况的调查报告。这是他从思诚小学毕业后，考入安徽省立第二师范学校学习，于 1919 年毕业之前，十七八岁年纪写就的调查报告，年轻的目光忠实地记录了他假期回乡的所见所闻。调查报告中生动展现了民国时期仁里乡村民生、社会状况，反映了古村外出经商人员居多、农业人口排

仁里全景

第二位以及经济困顿、物价日昂、血吸虫病横行等情景，这些图景与今天仁里欣欣向荣的景象构成鲜明对比。

绩溪十一都（仁里）民生状况调查报告（1917 年）[①]

余述吾乡之民生状况，余深悲其日益凋敝而重为之忧也。盖民生状况与社会经济，有密切之关系。今就吾乡近日之社会经济，作抽象之概观，则生产日蹙，而消费日广。何以故？以职业日形凋敝，而风俗且日益奢侈也。今且陈述吾乡之旧职业，以为研究改良之一助云。

（一）商业 商业于吾乡职业界中，最为重要。本村约有四五百人，就中多为外地经商者。本乡交通不便，商业无足称述，凡钱庄当铺等金融机关，及其他保险机关堆栈（供临时堆放货物的地方）等大商业皆无之。今将本乡店铺之调查列表于下：

类别	店铺名籍	出售货物	性质	商人	使用人		
					账务	劳力	学校
杂货业	和顺（复记）	南货布匹 粮食猪肉	独营商	程商五	4	4	1
	永茂（胜记）	南货布匹 粮食酒	独营商	程际虞	3	4	1
	仁太和	南货猪肉	合伙商		1	2	1
	同春	粮食南货豆腐	独营商	方应和	1	2	2
	一本	粮食南货豆腐	独营商	章定全	1	1	1
药业	广福堂	药材	独营商	程静先	3	3	2
	天和堂	药材	独营商	舒金春	1		
洋货业	立成	洋货	独营商	程宾卿	1		
烟业	泰昌	烟	独营商	程文焕	2	1	
饭菜业	鼎和馆	酒席	独营商	程晦	1	2	3

以上店铺凡十，其资本自二三百元至千余元不等。此外尚有小店四五所，无足称述。且有并店号亦付阙如者，故略之。店伙年俸自二三十元至六七十元不等。普通店规，大约除正月外，不得赌博。定事时期，则在于旧历正月初六七日。收账结账，则在年终。至于商人道德智识，均平庸无足称述。商业机关亦缺如。

度量衡制度极复杂。度有裁尺、木尺；量用漕斛，然较他方为小而杂；衡有九五（十五两）公秤、足秤、平秤及加一加二等，尤复杂。

① 原载《安徽省立第二师范学校杂志》1917 年 10 月第 4 期。

程宗潮

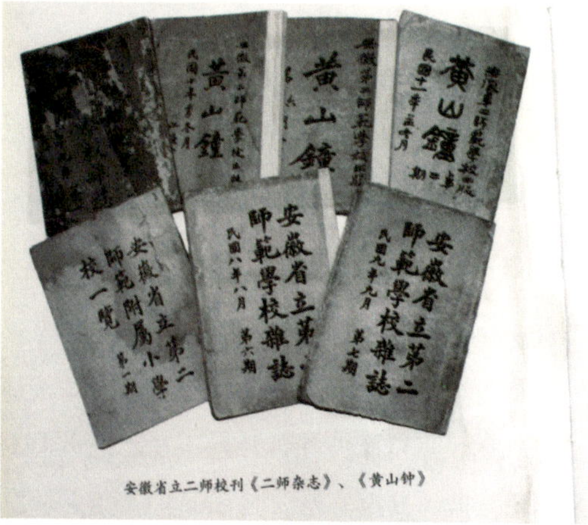

《安徽省立第二师范学校杂志》书影

本乡店铺稍大者，于各种账簿，略具旧式。小店则不足论，殆未能具商业上之规模者也。然则欲拓本乡商业，非注目于外地经商不可。外地经商之路有三：(一)寿昌、淳安、兰溪、金华、杭州、上海、通州等处为新安江水路。(二)宁国、芜湖、郎溪、溧阳等处。(三)歙县、休宁等处均陆路。其在寿昌、淳安、宁国、郎溪、歙县、休宁多南货业、粮食业。其在兰溪、金华、杭州、溧阳多布业、洋货业，上海、芜湖多书业。通州多典业。而茶业、木业则以新安江为多。饭菜业各地亦闻有之。诸业之中，又以南货业、布业、典业为尤盛，而南通典业之盛衰，与本乡经济界之关系尤为密切云。

虽然本乡之外地商业，近亦可危。盖皆为旧商业，颇不足以竞存于今日。而吾乡经济界遂益恐慌，其原因有四：(一)知识浅而资本小也。(二)范围狭而团结不坚也。(三)株守旧法不能改良也。(四)历年内乱之影响也。虽亦间有幸而致富者，特其致富也，非真能与人抗衡，故偶有一他之商业出即无复有存立之余地。此所以不能于实业界放一光明也。

(二)农业　吾乡山多田少，农业不甚发达。本地所产稻麦及杂粮，皆不足食，率仰给于他方，而以宁国、旌德等处之输入为多。又自同治五年大水后，登水两旁，良田多为漂没。近复瘴痨(即血吸虫病)流行，农人死亡日众，其为患于前途正未有艾也。

种植每岁分二季，水田上季种麦(或种杂草用以肥田)；下季种稻，山地上季种麦或油菜，下季种豆或黍。此外亦有种桕子、竹笋、桐子及落花生(沙地)者，产额虽少，然利源所在，不可不注意拓植之也。

农人约占职业界中十之三，近百人，大率以养鱼、鸡、猪、鸭为副业，间亦有从事蚕桑者，获利尚可，惟产额不多。本乡田价，每亩自四十元至八十元；地价，每亩自二十元至六十元；山价，每亩自二十元至四十元；基地，每亩自二百元至三百元。此其普通价格，但亩之大小，常有不同，故价格亦难一定。

本乡田地之所有权为田主，而种植权则为佃户。田主不过得契约上规定之租额而已，二权均可转相买卖，惟佃户权价甚微。

本乡经大水后，荒田约占十分之四。山皆童山，森林日少。然欲振兴本乡农业，则必注意及此。盖荒田沙深，开垦不易。然却宜种落花生或竹木等。山地虽瘦，亦可植茶、竹、木之属，倘能从事开垦，共同保护，禁火焚，筑堤防，疏河道，则吾乡农业其庶几乎。

（三）工业　工业于吾乡，殆不足述，大率为农之副业。其种类有石工、竹工、木工、砖工、成衣匠等各种，余属客工，故工人极少。其工价，则木工、砖工每元四工（不食饭），竹工、成衣匠每元八工（食饭），石工包办。其他工人常制器出售，惟无新工业。本乡客工近日渐多，大率为江西人、开化人、安庆人、歙南人。因本乡工人甚少，乘隙而入，近更有从事于垦荒者。

在平时颇受其补助之益，然遇饥馑，则不免有持强逞暴、掠夺远避之祸。

吾国工业之不振，人所共知，而吾乡尤甚。欲振兴之，首宜察本乡土产中物品之销路。本乡土产材料之宜于工艺者，以竹、木、丝及矿物为最。苟集无业子弟，兴工艺厂，以从事于家具、饮食、化学、织染等新工业，亦振兴之一法也。

（四）结论　观以上所述，吾乡之旧职业，即可据以明吾乡生产之日蹙，然以物价日昂、风俗日奢之故，而消费反日益多。昔时每人每日普通之生活程度，约四五分，今则进而为七八分。此锐增之数，在势不得不取给予生产，而生产反日蹙，此其所以贫欤。长此以往，其为患于国计民生者甚大。此则吾教育界之提倡职业教育，实有不容缓者也。

绩溪十一都（仁里）乡土社会状况一览①

我绩地僻民淳，族居行善殆本山川之风气，而受于先民之教诲者，深且远也。洎乎近世风气日开，而我绩独以万山阻隔，得保其璞。故凡社会间一切事业，率为旧时现象。然则输入新智识，以发挥而光大之者，何可缓也。十一都乡民土著，已不可考，大

① 原载《安徽省立第二师范学校杂志》2018 年 10 月第 4 期。

抵为黟黎之裔。据各族谱系，皆始迁于魏晋六朝而繁殖于唐、宋及清道光间，人口达万余〔按：民国3年（1914）行政区划，十一都以仁里为中心，包括中王、半茶、杨树坑、堨头各村〕。

洪杨乱后，陵夷已极，至今亦无确实调查，大约共五六千户，人口近万人。颇富勤劳俭朴之性，加之本地困贫，故千里外皆有乡人经商足迹，而以江浙（杭州、兰溪、绍兴、金华、淳安、南京、苏州、上海及本省之郎溪、芜湖一带）为多。工艺极旧，无机器业，物品仰给他方。教育则仁里思诚学校开设最早，王村植基学校继之，一时称盛。近以经费支绌，殊属可忧。四民之中，商五、农三、工士各一，民风刚强质朴，山川之形势使然也。

乡民重家族主义，一族有事，子姓群趋为之，竟有酿成乡斗者。族制有宗祠、支祠，岁时祭祀。祠有祠规，犯者不得入祠。族有族谱，世系因而不乱。全都宗祠十一所，支祠逾数倍，而以汪、程、胡诸族为盛，章、方、周、高、余、戴、吴诸族较少。礼俗依旧制，冠礼废，而纳采亲迎及笄礼尚存。丧服用疏麻，僧侣、上者多不用。葬礼讲风水，祭礼则祭神外，祭祖于献岁、清明、春分、冬至诸节。十年前鸦片与赌风俱盛，近以严令禁止，表面似已绝迹。乡民除一二游民外，皆极勤俭。近亦渐趋奢侈，交涉颇少信用，期票、期会及银钱往来，误期者至多，不可不亟为改良。

街道寻丈，巷道较狭，半皆污秽，农家尤甚，习俗然也。惟路道皆石垒，尚修整。津梁除中王桥外，皆为木桥，以登水浅多沙故。岭皆砌石为磴，上有亭，贫者居之，司茶水，行旅颇便。饮水或井或溪皆颇清洁，而以石镜山之白泉为最佳。仁里四井亦有名，且足为救火之用，惟无水龙，救济较缓。登水淤浅，每易溃决，故两旁多筑高堤，以防范之。同治五年大水后，倾坏大半，近尚事修筑。就中以仁里桃花坝为最大（高三丈许，广二丈许），盖全村之保障也。

本处现无警备机关，盖地僻无关紧要也。一旦有事，则由乡民合集。如辛亥革命时，曾组织民团防匪，地方以安。宗教仅有佛教，计寺三、庵一。就中除石镜山之普照寺外，皆有教徒居处，约僧十余人，尼五六人，然已失宗教之仪式与精神，笃信者甚少。赛会则有花朝会、善会、观音会及其他佛教诸斋会，消耗金钱甚巨。

慈善事业有义冢赈济及修路、筑桥等，医生二三人，于内科疾病，颇能疗治。惟此时瘴疠流行，患鼓胀病（即血吸虫病），亦可虑者也。此则清洁街道开浚沟渠之事，亦不可缓矣。

又近者游民日多，须设贫儿院、贫民习艺所等机关，更设公园及各种游戏场，以免乡民于勤劳之暇，从事无益之博饮云。

地方自治，曾举行于清末，迄民国三年而废。制分县为十区，本都属第七区，设自治会于仁里。按期开会，以研究地方上事，并解释乡民之纷争，然亦无甚效果。开会每多误期。同时更附设储蓄会，集股二百余，每股月出银币二角，五年归还二十元。此事于养成地方勤俭之风至有关系，后以事故中辍，殊可慨也。

综观以上各节，吾人对于乡土社会上之责任有三：（一）改良旧有之恶习惯；（二）保守旧有良美之乡风；（三）振兴各种之事业，有心人其亦留意及之。

◉ 民间故事

鄷倌施巧计护水口竹园

100 多年前，仁里人口兴旺，宅基地面积不够用，许多人家的猪栏、茅厕不得已都造到村外去了。因为离家远，又在村边上，有的人家不讲究，猪栏造得简陋，于是经常有猪拱破猪栏闯进竹园啃泥害笋，久而久之，竹园眼看要被毁。竹园是村里的水口，众人非常重视，反应很强烈。族长召集各支祠头面人物召开了一次会议，议论出管好竹园的决定："今后不管谁家的猪走进竹园，一律赶来杀掉大家吃。"并一致推选德高望重的鄷倌为"园官"管理这件事。第二天贴出告示，让村民知晓。

鄷倌回到家，一个劲地吸着旱烟，一句话也不吭，老妪一下到灶下，一下到堂前，在一旁干着急，生怕老头子愁坏了身子。半袋烟叶吸掉了，鄷倌敲了敲烟袋，下定决心，大声咳嗽了一下，胸中已有了主意，跟老妪小声说了一下，老妪用围腰布揩了揩眼泪，点了点头。就在这天晚上的下半夜，鄷倌叫了一个家人帮忙，不声不响地将自家的一头大肥猪赶到竹园中，并嘱咐家人不得声张出去，之后安心睡大觉去了。

次日早晨，看竹园的人到园中，发现有头大肥猪正在啃竹笋，急忙跑来禀报鄷倌，鄷倌不假思索地回答："赶来杀掉大家分了吃！"于是看竹园的人把大肥猪赶来杀了，全村家家户户飘着猪肉香。早饭后，鄷倌家人去喂猪食，发现自家猪栏中的大肥猪没有了，马上告诉鄷倌，问是不是自家的猪闯进竹园去了。鄷倌当即将脸一沉，斥责家人说："谁叫你们不把猪关好？昨天村里刚宣布，今天我家的猪就闯进了竹园，没得说，也是一样要杀！不这样怎么服人？"这个消息不胫而走，传遍全村，众人悄悄议论，鄷倌家的猪闯进竹园，都杀给大家吃了。

此后，家家户户闷声不响地把猪栏重新整修了一下，谁也不敢不管好自家的猪，再也没有猪闯入竹园了。翠竹就这样在水口上兴养起来。

大力士程鼎贵

传说清光绪年间（1875—1908），仁里村有位 15 岁的小媳妇，怀孕十个多月，产下一个十来斤重的胖小儿，能吃好睡，不出半个月，母亲的奶水就喂不饱他了，饿得哇哇大哭，只得用稀粥、米汤补充。小儿饭量奇大，不满周岁就超出大人，看得家人发呆，讲是“饿死鬼投胎来了”。小儿个头特大，长得快，十多岁就身高七尺，且要日食斗米，能扛千斤，力大无比。家人因此给他取名“鼎贵”，希望他能为家人和乡邻造福。

鼎贵大力士的名声渐渐传播开来，邻里乡亲凡有搬不动的笨重物件，都请他帮忙。他有求必应，毫不推辞，而且从不收工钱，只求饱食一顿。村里盖房子、修桥补路的场所常见到他的身影：长而重的木头梁，他根本不在话下，一拽就上了屋顶；二人抬的长石板，他扛起就走；四人抬的石头，他起身一抱，晃晃悠悠地就搬到桥墩位置，中间不用休息。在那个没有机械的年代，鼎贵大力士的本领为村民解决了不少难题，非常受欢迎。

鼎贵大力士的名声越来越大，有一年，他把县城城隍庙的千斤石条驮回仁里当桥梁的故事轰动四邻八乡，传为美谈。一天下午，鼎贵去县城看戏。途经三眼塘时，见水沟上的小石桥断了，村人行路不便，记在心里。当晚看完戏走出城隍庙，见庙外路边有一千斤重的麻石条，他毫不犹豫地解下腰布条，系上石条往肩上一搁，驮起就走。看庙人大吃一惊，连忙喊叫劝阻，鼎贵头也不回，大步流星地往仁里走去，中途也不歇息，看庙人一路尾随，小跑着，翻山越岭，累得气喘吁吁。鼎贵到了三眼塘水沟处，把麻石条往上一搁，正正好好，稳稳当当。鼎贵站在桥上揩着汗水，爽朗地笑了起来，看庙人见此善举也就不吭声了，张大嘴巴半天也合不拢，此后逢人便讲仁里大力士的奇人奇事。

奇人程嘉立

二三十年前，程嘉立是仁里村一奇人。他的两眼先天有缺陷，几乎失明。但他聪明透顶，勤快，能吃苦，眼睛看不见，耳朵特别灵，整天高高兴兴、乐乐呵呵，人缘极好，若是旁人不指出的话，没有人认为他是一个残疾人。

程嘉立在村里老街开一间杂货店，隔段时间需要进城挑货，他从不请人，三五十斤，翻山越岭，走石板路，过沟下坎，像正常人一样健步疾走，一早来回，从不误开门时间，旁人非常惊讶，而他却习以为常。他做生意时一丝不苟，店小货物多，摆放得整整齐齐，如果买东西的人没看见，只要报出来名，他一准找出来。他待人诚恳热情，服务细心，村人都喜欢进他的小店。他还有一个本领，眼睛不灵光，但取物找钱从没出过差错，手感特别好，钞票只要在手上一摸，就知道是多少数额。令人称奇的是，村人在外多年没见，回村时遇见人刚打声招呼，他听见了马上就能叫出名字，正常人有时难免忘记，而他却记得清清楚楚。

程嘉立是个热心人，谁家来了客人，他都拉近乎，说家常，道新闻，把村里村外的新鲜事一一絮叨，热乎得似一家人，奇怪的是他一边说，一边做生意，纹丝不乱，从不误事，因此店里很热闹，人们都乐意到他店里来。直到晚年，他还以加工面条为生。别人说他子女好，不用动了。他说人活着就要干，歇着还要生病。特别是年头年尾，村人都要吃面条，加工面条的人特别多，店里店外，挤满了面粉篮，他按路途远近，摆放得有次序、有条理，远的先加工，近的后加工，兼顾家近的、等候时间久的，人人满意。他算账，也是村里一把好手，从不用算盘，买完东西，闭着眼一算，眨眼工夫就报出数来了，东西买的再多也是如此，有人不信，再用算盘验算，丝毫没有差错。

程嘉立凭着过人的本领，生活得很滋润，娶妻成家，育有三儿二女，日子过得和和美美，开开心心。

◉ 杂记

海峡两岸一家亲

仁里村有程扶堂、程本海、程扶镎、程扶锟、周学剑、程本钊、程扶望、程源申等多人在新中国成立前后去了台湾。因台海阻隔，40 年内音信全无，两地亲人饱受离别之苦。20 世纪 80 年代中后期，两岸关系改善，亲情得以重叙，两地亲人喜不自禁，互通两岸信息，介绍别后情况，去台人员及家人先后来到大陆探亲访友，无限感慨。旅台人士还积极捐助家乡公益和教育事业。

乡贤台北话“思诚” 新中国成立前后，由绩溪辗转到台湾的乡亲不下两百余人。不久，在胡适、胡钟吾等人召集下，成立台北市绩溪同乡会。同乡会会员常常相聚一起，忆家乡，谈亲情。他们离乡日久，思乡心切，有续编《绩溪县志》的念头。由胡适倡议，胡钟吾各方寻访，找到乾隆版和嘉庆版两个版本的《绩溪县志》各一部。两部县志距当时已有百余年，加上同乡会会员们对近代家乡的政治、经济、人文、教育、社会生活、民情风俗诸方面均已陌生，更无第一手资料，又是处于离乡背井的艰苦环境之中，于是只好用“附编”的方式，将每个人记忆中的乡土观念、人文、地理、风俗、习惯等，秉“疑者阙之”的原则，记录后送同乡会，汇编成《附编》，以衔接嘉庆《绩溪县志》。同乡会随即成立编撰组，聘请胡文郁、胡钟吾、胡筱溪、曹异、程光裕、冯伯谦、余昌之、程扶堂、唐子宗九人为编撰委员，唐子宗为组长，负责完成《附编》的编纂。

所纂《附编》中“绩溪县的教育”一章里，“私立思诚两等小学堂”一节写道：“私立思诚两等小学堂，此校设立于旧十一都仁里村，其创立时期，约为清光绪二十九年冬，由村民程序东、程臻斋、程松堂、程石堂昆仲等以原有家塾，稍加增建，拨作校舍，并捐资购置设备，聘请堂长及教员，酌收微小之学费，以便利村民子弟就读。首任堂长胡子承（晋接）先生为邑城名廪生，而向往科学教育，且富有研究者，品端学粹，尤富热忱。当时年薪为每年银元 360 元，教员年薪亦有达 240 元者，相当于小康之家年需的总数。待遇优厚，足见创办人热心公益、尊师重道之精神。此校经胡晋接致力经营，1~2 年间，声誉鹊起，就学子弟不仅限于本村及邻里，且有远自 70~80 里以外及邻邑而来者，其毕业学生前往京沪升学者，率能崭露头角。至宣统三年冬，创办人程序东等已家道中落，无力继续供给经费，同时胡子承先生亦因事辞职。民国元年，改称私立思诚小学校，由县教育经费内拨款项补助，余仍赖学生学费维持。以后 30 余年中，虽未能发扬光大，校誉亦不若清季之隆，而仍能维持村民子弟教育于不坠。迄民国 32 年始，改为登源乡龙鹤保国民学校，其经费完全由县政府拨发，乃成为县立学校之一。”同乡会会员们回忆思诚学堂的创办情况和有关数字，具体真切，足以道出旅台人员浓浓的思乡情结。

合力编纂《绩溪程东屏先生书法选》 程东屏是仁里村名震徽州的书法大家，其书法作品曾被民间广泛收藏，然而生前并没有一部完整的书法集。为抢救仁里村这一不可多得的文化遗产，2003 年，远在台湾的程扶镩、程扶贶等人与仁里村汪俊赓、程幼珠等合作，整理编撰了《绩溪程东屏先生书法选》(以下简称《书法选》)。该书由程扶镩担任策划和主编，绩溪旅台人士、著名书法家、百岁老人胡钟吾题词，程敷堂以及旅美书法家汪乔年等均寄来程东屏的书法收藏品。

《书法选》从装帧布局到书法遗作的发掘征选，注释考订、评介文章的内容斟酌以及对全书的核校，都认真下了一番功夫。编书期间两岸鸿雁频传，编委反复推敲，数易其稿。为方便台湾同胞的阅读，又采用繁体直行排版。两岸编委苦心孤诣，字斟句酌，唯恐一瑕半疵而损成书质量。

思诚学堂全景　　程扶雪　摄

《书法选》面世后，在台海两岸的绩溪籍同乡中激起强烈反响。此书寄达台湾时，适值台北绩溪同乡会举办一年一度的新春团拜会。他们纷纷展示传阅，争相索要。大陆的绩溪学人先睹为快，赠亲馈友。一时此书成为新年的最佳礼品。外省籍的书画界同仁，凡赏览者无不拍案称善，好评如潮。

周学剑、程本钊、程源申捐资助家乡 仁里忠周旅居台湾的周学剑，热心家乡公益事业，曾捐资修建忠周桥，并设置周门奖学金，奖励村中周姓优秀学生。

1993 年，旅台同乡向绩溪县政府发起“希望工程”捐款时，程本钊一人捐人民币 1 万元；绩溪县兴建妇幼保健院，他又以兄程本祥名义捐人民币 1 万元。他先后写了《改善农村生活环境》《山城绩溪建设刍议》《建设新皖南，迎接新世纪》，寄给当时的绩溪县台湾事务办公室，为家乡建设献计献策。

程源申是仁里旅居台湾人士程本海的儿子。2002 年，思诚小学百年校庆之际，他以已逝父亲之名设置奖学金，每年出资 2000 元，以奖励思诚小学品学兼优的学生。

仁里寻根问祖记

耿培炳

水有源，木有根，人之于祖亦然……

2003 年 7 月 14 日，我和几位同样深受《思诚百年》感召的同窗好友由程干忠陪同，探访了仁里古村落，感受其徽文化的古朴风韵，同时，我还负有寻根问祖的特殊使命。

仁里、鱼川皆我耿氏世居之地，而今之仁里，则仅存“免征百步钦街”古迹，耿氏遗裔仅 1 户、5 人。另有鱼川耿氏女子嫁入仁里村。

去年，徽州第一所新式小学——仁里思诚小学 100 周年，作为其纪念册，《思诚百年》收入了《鱼川耿氏宗谱》卷之七《重修仁里免征地记》一文。编者汪俊赓送我一册，阅后才如梦初醒，寻根问祖之念油然而生。

今年夏天，我回鱼川服母丧期间，首次拜读了《鱼川耿氏宗谱》。该谱一套 4 本，刻工精美，阅后方知仁里乃我绩溪和广德耿姓之发祥地，梁朝工部尚书耿源进乃我新安耿姓之始祖。

是日，作为鱼川耿氏裔孙代表，我亲临此地，深感子孙世守，荣宠无比……

接着，寻访了几位老者，询问耿氏祖坟，却无人知晓。

下午，我又走访了耿川（古称耿家潭），亦无收获。

我耿氏自尚书源进公从淮阴桃源迁仁里，世居数十代，明末乱起，清兵入关，作为抗清团练头目之耿氏分迁鱼川、巧干（古称赵川）和广德耿村等地，从此隐居山林。我仁里始迁祖坟墓享祭一千数百年。据宗谱记载，仁里登源河东岸高丘名古宅罗油磅，形如螃蟹出泥处，左穴为尚书公，右穴为社旺公（鱼川支始迁祖），均立有墓碑，其四周护墓地宽广，均立有“耿”字界碑。

自古以来，每年清明节次日，40 岁族裔 4 人一班轮值上坟祭扫，并收取护坟地程姓租种地租。清末民国初，我族纂修宗谱期间，族中诸长老曾派耿介、耿坤和耿葆真三人赴仁里主持修墓，立石碑两块，高七尺（约 2.1 米），宽一尺八寸（约 0.6 米），墓旁四周筑以石坝固之。白阳山及耿家潭均有耿氏数十代祖坟，但已是荒丘败塚，碑石无存。

改革开放后，海外华人纷纷回国寻根问祖，吾族众也拨动了思念先祖的心弦。去年以来，续修族谱一事，已在族人中议论开，热情甚高，甚至萌发出祭吊仁里祖坟的愿望。可是，如前所述的原因，去了，还能找得到吗?

仁里耿氏祖墓处，土名“螃蟹出泥”

但不管怎样，念祖溯源之思，在我的心中挥之不去，受族人的委托，出于对先祖的景仰，我和胞弟培侃及吾妻秀英于 9 月 16 日再次乘车前往仁里，对先祖墓地再行查访探寻。

在仁里友人钱宗益陪同下，过登源河木板桥，来到河对面古宅罗油磅，凝视此处地形风貌、山势、古塘、小道，展现在眼前确有一高丘，两边山势亦确似两只螃蟹钳，形如螃蟹出泥处。面朝南，视野开阔。据钱友人和二位外忠周村的周姓村民及路过的一位老妇讲，他们的先辈流传说，这里是一块风水宝地，曾葬有一位高官名人和一位地理先生。先前是古树参天、风景优雅。他们还讲了一个个内容大致雷同的神奇典故，令我们敬仰肃穆。

我们围着高丘转了一圈，只见高丘上及其周围桑树、玉米、黄豆等茂植，加之阴雨天气，秋雨霏霏，视野晦暗，几处老坟均非耿氏祖墓，一处土坟堆亦难以确定，因经过改田造地，原来的地势有所改动。加之两块耿氏墓碑未发现，就难以确定祖坟的确切地点，但可以肯定此高丘地即是我祖尚书公和社旺公的墓地，我不由自主地按下了一连串的快门，并深深鞠躬……

在我们即将返回之时，在路旁意外地发现一块长约二尺（约 0.6 米）、宽八寸（约 0.3 米）、厚六寸（约 0.3 米）的麻石碑，上刻有“耿界”二字，这是坟墓周围护坟地的界石，象征不容侵犯之意。这就更加坚定了我们的上述判断。

10 月 1 日，我再次来到仁里。因据宗谱载，明末，自我耿氏迁居后，仁里已无耿氏后裔。但前不久，仁里友人王友明告诉我，耿自勇户现居仁里。为了探究，在友人程扶雪、王友明和程干展陪同下，拜访 119 号的耿户，受到热情接待。据介绍 ，他是 1964 年从巧干过继到仁里，年岁 46，有耿华光、耿华荣二子，另其姐亦嫁在仁里，其父耿介诚 77 岁，县水电局退休干部，曾在海军服役，现随另二个儿子仍居巧干。我向他们介绍了耿姓溯源，随后与大家一道来到百步钦街和先祖尚书公墓地。

是日，秋高气爽，晴空万里，墓地上农作物一扫而光，再凝视螃蟹出泥处之高丘，一览无余，见前磅脚有一呈弧形，长 30~40 米之旧石坝，状甚古，可能系民国初年耿氏所修之护坟坝。石坝之上有二处低凹处似墓堂，虽然没有墓碑，但推测，可能系尚书公与社旺公之坟墓处。

另据仁里一位 82 岁程姓老人亲临指点，他小时候因常去自家田地（此处路下），见路旁地边处竖一“耿”字石碑，这与我们发现的耿界碑相吻合。

对此，耿自勇先前一无所知，经我介绍与指点，他恍然大悟，表示作为耿氏后人，确有责任宣传和保护好百步钦街古迹、先祖墓和界碑，并继续寻找两块巨石碑。听到此言，我的心一下子宽慰了许多，但愿先祖能安然长眠于九泉之下。

10 月 25 日，我又专程到巧干，在长辈耿元衡的陪同下拜访了该支同宗族人，并特地登门拜访耿介诚公，他向我介绍了童年时在仁里奶娘家长大，曾多次去过尚书公墓地，只是目前年高，身体欠佳，不便行动，待身体条件许可时，将亲临仁里先祖墓地指点。但愿介诚公早日康复，早日行程，以了却我的此桩硕大的心愿……

民国初年，鱼川耿氏家族有强烈的家族向心力和凝聚力，这与他们的尊祖敬宗有关。所谓尊祖敬宗，就是共同尊奉家族的始祖。

族人共同祭祀始祖，具有不同寻常的意义。共同祭祀始祖，冲破了“五服”之亲的界限，起到联宗收族的作用，增强了家族间凝聚力和认同感。从民俗学的角度讲，清明祭祀先祖，就是一次族人的聚会活动。族人相聚，阳光普照，春意融融，即使彼此间平时有点隔阂，也会烟消云散。从心理学的角度讲，族人在肃穆的气氛中向先祖在天之灵

耿氏祖墓

“耿界”石碑

焚香叩拜，无形中从心理上抛弃了人欲物念，都会自觉或不自觉地重新审视过去，从而在心理上寻回亲族间的骨肉情，感受大家庭的温暖，利于安定团结。

长期以来，民间各宗族纷纷修建宗祠，编修家谱也多以始迁祖为源头，明确世系，载入先人业绩，对后人以收教化之效。尚书源进公乃绩溪、广德耿氏之肇始祖，仁里乃绩溪和广德耿氏之发祥地也！

我们的先祖虽然在数百年前就已迁徙，但故园仁里在族裔心目中仍然是追远列祖列宗的宿点。

至今，鱼川仍完好保存着清初建立 、同治年间重修的村门“仁里门”和始祖尚书源进公容像，这是对乡愁的最好诠释。

……追怀先祖，弥滋怅惘之情。

鱼川“仁里门”

仁里门楼

名人　乡贤

仁里村无论是始迁祖耿氏与闾川汪氏，还是后迁者程氏与忠周周氏，都有世家大族的背景。其后裔受家族优良传统影响，或精武以保境卫国，或习儒以修身齐家。更多百姓耕读经商传家，以诚信、仁爱为安身之本，以勤劳、俭朴为立命之基。明清以后，仁里村更是通儒与巨贾并举，专家与巧匠齐芳。还有一些非仁里籍名人，或曾游历过仁里，或在仁里办学，或与仁里人有过深厚的情谊，从而影响、促进仁里历史文化的形成和发展。

仁里村志墨华香，宛若名人集一堂。版面称奇凝眼目，经纶启迪暖胸膛。
程门立雪传佳话，黄岳钟灵毓秀郎。铭谢诸贤弘圣教，聚财兴国永留芳。

◉ 名人

汪华（586—649） 字国辅，又名英发，登源里汪村（后改名为间坑）人。南朝末司马叔举四世孙。生于隋开皇六年（586），幼颖慧，成年后，到睦州拜师习武，学成后回乡。隋末，天下大乱，汪华为保境安民，起兵统领了歙、宣、杭、睦、婺、饶等六州。之后，汪华据守休宁万安山，部将拥立他为吴王。称王后，他宣称并不反隋，仍用隋的年号。他管辖的六州享安定十几年，他被百姓誉为“太平之主”。

汪华画像

唐朝建立后，汪华于武德四年（621）九月上降表。当月，唐王李渊下诏：“受以方牧，可使持节，统歙、宣、杭、睦、婺、饶六州诸军事，歙州刺史，封越国公，食邑三千。”

远眺仁里

次年，汪华奉旨入京师。贞观二年（628），授左卫白渠统军。贞观十七年，改忠武将军，右卫稽福府折冲都尉。唐太宗伐辽东，诏汪华为九宫留守。还师后，唐太宗又表其功。贞观二十三年，汪华病逝于长安。唐太宗赐其谥号“忠烈”，故人们又称其为“忠烈王”。永徽二年（652），葬于歙北云岚山。

汪华有九子，分别是汪建、汪璨、汪达、汪广、汪逊、汪逵、汪爽、汪俊、汪献。古徽州地区的汪姓，大多是他的后代。

由于汪华在战乱年代保境安民，使百姓免受战乱之苦，去世后，当地群众纷纷为他建祠祭祀，祭祀活动千余年不断。汪华生前的功业以及历代皇帝对他的加封，徽州后人及群众对他的祭祀活动形成了源远流长的汪华文化，对徽文化的形成和发展产生了深远的影响。

程秉钊（1838—1891） 字公勖，一字蒲孙，乳名艾生，仁里人。

程秉钊天资聪颖，9~25 岁，先后师从管又眉、陆杏香、朱子璞等名儒。26 岁，进入南京钟山书院学习，成为翰林院侍讲学士李联琇的弟子。就在程秉钊学业日益长进之际，由于太平军与清军的拉锯战，他家生意陷入困

程秉钊画像

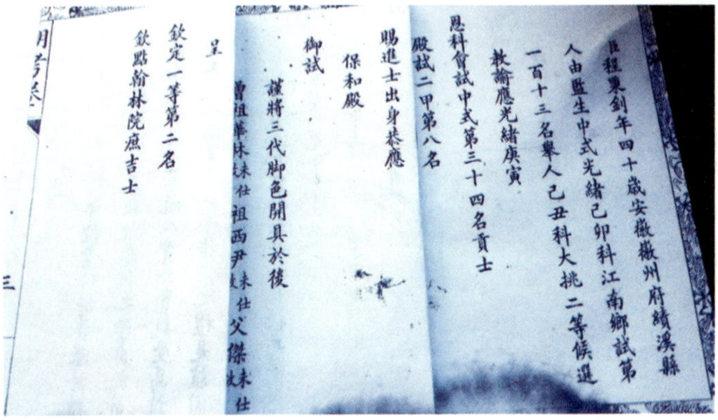
臣程秉釗年四十歲安徽徽州府績溪縣
人由監生中式光緒己卯科江南鄉試第
一百十三名舉人己丑科大挑二等候選
教諭應光緒庚寅
恩科會試中式第三十四名貢士
殿試二甲第八名
賜進士出身恭應
保和殿
御試
謹將三代腳色開具於後
曾祖華未仕 祖西尹未仕 父傑未仕
呈
欽定一等第二名
欽點翰林院庶吉士

黄榜

境。父母和妻子先后离世，又使他的家庭雪上加霜。为应付艰难局面，他只得供职于幕府，从 31 岁到 51 岁长达 20 年的时间里，先后在江苏、江西、河北、广东、浙江、福建、上海等地的县、府、道、省等行政机构任职，在尚书李文田、学使汪柳门、上海道刘芝田、江西巡抚刘坤一等政界名流旗下，从事文牍、帮办、赈捐、校阅试卷、拟办笺奏等。

清光绪元年（1875），江西巡抚刘坤一拟修《江西通志》，请赵之谦担任省志局首席官员兼省志总编。赵之谦（1829—1884），浙江会稽（今绍兴市）人，与程秉钊、胡澍是志趣相投的好友，时人对他们有“东南三俊”的美誉。赵之谦一上任，就聘请程秉钊担任“地理”和“沿革”两章的编纂。

光绪六年，程秉钊 43 岁应会试，房考泰州钱桂森极力举荐，因主试者压抑未取。

光绪十六年，程秉钊以 53 岁高龄参加会试，中二甲第 8 名进士。接着又参加朝考，中一等第二名，一举成为翰林院庶吉士。

程秉钊处于内忧外患的晚清时期，一生写下了不少忧国伤时的诗作。为了国家的富强，程秉钊热切企求改革，大胆提出了一些改革内政的主张，如“除文法，革胥吏，破格以进人才，严切以核名实”“宪政举世须平等”等，主张学习西方先进的管理方法。程秉钊极力弘扬龚自珍的启蒙思想，借以唤醒沉睡的国人，并为此作出了毕生的努力。

程秉钊一生笔耕不辍，著作颇丰。刊印的有《绩溪备乘》《淮南子补注》《龚自珍年谱》《琼州杂事诗》《少思长室文存》《知一斋尺牍》《龚学斋古今体诗》《丹荃馆诗余》等，未刊印收藏在家的有《常师室书丛》《公穀考义》《汉学师承记续记》等。

程士范

程士范（1892—1960） 行名敷模。仁里人。12岁由蒙馆转入思诚学堂，毕业后，入上海复旦公学和南洋公学读书，并以榜首的成绩考入北洋大学土木工程系。1914年，考取“庚款”奖学金留美，但未成行。民国期间，曾担任安徽省立第二师范学校教务主任、安徽甲种工业学校校长、河南六河沟启新水泥厂总工程师、上海宝山海塘工程处主任工程师、江苏省建设厅和安徽省建设厅技正等职，并应聘建造安徽港口煤矿至水东的轻便铁路。嗣后，任杭州自来水厂建设副总工程师。主持建设淮南铁路时，骑着毛驴勘察选线，精打细算，编制出每千米4万元的计划，施行分段建筑、分段投产、3年建成的极经济方案，每千米仅耗资2.8万元，运行两年半便收回全部投资。竣工典礼时，外国使节派员祝贺。《太平洋学会年刊》专文评价淮南铁路和程士范的著作《皖省轻便铁路刍议》。铁路建成后，程士范任淮南矿路公司总经理兼总工程师、淮南煤矿局局长。1939年，日本侵略军入侵矿区，程士范转到上海，与在新四军工作的石原皋重逢，从此在上海、芜湖等地从事党的秘密工作。为配合党组织的活动，程士范出任芜湖明远电厂总经理，以其家宅作联络站。解放军渡江前夕，他家成为党策反和配合大军行动的秘密活动场所，同时他又以自身的社会地位和上层关系，营救和掩护中共党员和干部。新中国成立后，程士范历任皖北行署顾问、省人民政府委员、省工业厅厅长、省科普及科联主席、省参事室主任、省土木工程学会第一届理事和省政协副主席等职，并当选为第一届全国人大代表。他曾对全省工业建设和皖北电网、淮北水利、黄山建设规划提出有益建议。

程本海（1898—1980） 仁里人。早年在思诚两等小学读书。1916年，小学毕业，供职于芜湖科学图书社，后调至上海亚东图书馆。1921年，考入上海中华书局任编辑兼图书馆主任。其间，在胡适的关心下，于1923年在上海组织同乡会绩溪学社，并任该社《微音》月刊主编。次年，在胡适、陶行知的提议下，同胡梦华、许士骐等人将绩溪学社改名为徽社。1927年，考入南京新创立的晓庄学校大学部，成了晓庄首批学生之一。结业后，奉校长陶行知之命，辗转江苏、浙江、福建、安徽等省的多个县，开展乡村教育普及工作。每到一处，他都根据陶行知的“生活即教

程本海

育”“社会即学校”“教学做合一”的指导思想办学，因成绩斐然而屡受嘉奖，成为陶行知的左膀右臂。

1930年，程本海调往广东龙川县立中学主持乡师班。1933年冬，又在百侯中学担任校长。1934年寒假回上海，秉陶行知命回皖，任省教育厅视导，主编《安徽省教育辅导旬刊》。程本海着力改进地方教育，建立辅导制度，发动全省普及教育工作，推行“小先生制”。1939年6月，奉调皖南行署服务。1940年，被借调为宣城县第一科科长。同年11月，随宣城县县长调泾县，仍任第一科科长。抗战期间，曾任安徽省教育厅视察，宣城、泾县、广德及浙江云和等县教育科科长。1942年，任福建长汀国立侨民师范学校教务主任。1944年，任赣州正气中学辅导处主任兼专员公署辅导工作。抗战胜利后，应浙江国立英士大学之聘，任该校生活管理组主任，兼授三民主义课程。

1948年，应台湾教育厅厅长许恪士之邀，程本海赴台湾任教育厅督学。他将陶行知教育理念带至台湾，为台湾教育做出了卓越贡献。

著有《在晓庄》《乡村教育》《乡村教育经验谈》《三年来的龙川乡师》《安徽省普及教育写真》《教育视导之路》《如何做教师》等，其中《如何做教师》一书受到台湾教育界的热烈欢迎，曾7次再版，成为全台湾教师的入职必读手册。程本海还在《东方杂志》《中外杂志》《传记文学》《艺文志》等刊物发表回忆录多篇。

王子野（1916—1994） 原名程敷铎、程扶铎。仁里人。著名出版家、翻译家和文学评论家，第五届、第六届全国人大代表和第二届、第三届、第四届、第七届全国政协委员。

1930年，程敷铎在县明伦小学（今绩溪中学）求学，因父亲病故，家境困难，被迫辍学。同年10月，赴上海亚东图书馆为学徒，四年工作期间，他利用业余时间自学成才，并接受了革命思想。

1938年，程敷铎奔赴革命圣地延安。在那里，他改名为王子野，并考入陕北公学深造，同年，加入中国共产党。在革命战争年代，王子野先后在中央军委总政二秘处、中央政治研究室、中共中央书记处图书资料室、中央军委编译局、晋察冀日报社、中共中央华北局宣传部等单位任职。

王子野

新中国成立后，王子野把精力放在新闻、文化出版工作上。1949 年 11 月，《新华月报》创刊，王子野是编委之一。1950 年 12 月，人民出版社成立，王子野任总编辑。此后，他又任人民出版社社长兼总编辑等职。

“文化大革命”中，王子野被下放到湖北咸宁干校劳动 5 年多。1977 年起，他出任国家出版局副局长、党组副书记，并兼任国务院政策研究室理论组组长和国务院古籍整理出版规划小组副组长等职。1982 年起，出任国家出版委员会主任委员。改革开放后，王子野先后当选为中国出版工作者协会第一届副主席（1979 年）、第二届主席（1986 年）、第三届名誉主席（1993 年）和中国翻译工作者协会第一届、第二届副会长。

晚年的王子野，十分关心祖国文化事业和少年儿童的成长。1990 年 11 月 6 日，王子野作为中国出版工作者协会主席和“韬奋出版奖”评选委员会主任，在北京人民大会堂主持了“韬奋出版奖”颁奖大会。1992 年，他应邀担任宋庆龄基金会主办的刊物《中华少年》的顾问。他十分关心家乡经济建设和文化事业，先后题写了绩溪宾馆馆名、安徽省绩溪中学校名、《绩溪县志》书名和序言等。

王子野从事文化出版工作和学术文化研究 60 余年，专著有《槐下居丛稿》《王子野出版文集》等，译著有《西洋哲学史简编》《新编哲学史》《历史唯物论》《近代史教程》《财产及其起源》等。

程莘农（1921—2015） 祖籍仁里，生于江苏淮阴（今淮安），教授，博士研究生和师带徒导师，中国著名针灸学专家，中国工程院院士，享受国务院政府特殊津贴，中国中医科学院名誉首席研究员、首届国医大师。

程莘农于 1936 年师从陆慕韩学习内科和妇科，1956 年毕业于江苏省中医进修学校第一期医本科进修班。后历任江苏省中医进修学校针灸教研室组长，北京中医学院针灸教研室副主任，中国中医研究院针灸研究所经络临床研究室、教学研究室主任，北京国

程莘农

际针灸培训中心副主任、主任医师、教授，中华全国中医学会针灸学会第一届副主任委员。

程莘农还负责北京国际针灸教学工作，到十多个国家进行针灸学术交流。1983 年，程莘农被聘为加拿大传统医学院名誉教授。1984 年，被聘为墨西哥针灸学会名誉常务理事。

1994 年，程莘农当选为中国工程院院士。后任中国北京国际针灸培训中心副主任、名誉主任，国务院学位委员会第三届特约评议组成员，中国针灸学会副会长兼经络研究委员会顾问，北京市针灸学会顾问，第六届、第七届、第八届全国政协委员兼医卫体委员会委员。

程莘农曾荣获卫生部医学科学委员会颁发的荣誉证书，中西医结合研究会颁发的“荣誉教师”证书，世界文化理事会颁发的“阿尔伯特·爱因斯坦世界科学奖状”。他培养针灸硕士和博士研究生 20 多名，特别是在培养国际针灸人才方面做出了突出贡献。

程莘农独创“程式三才”针灸手法，是联合国教科文组织人类非物质文化遗产中医针灸代表性传承人。

程莘农主编和撰写的针灸专业教科书 7 部，为国内外针灸教学的主要范本。其著作《中国针灸学概要》还成为美国针灸医生的资格考试蓝本。

◉ 乡贤

耿源进（生卒年不详） 字道昆，淮阴（今淮安）桃源人。南北朝时宋齐年间处士。初任南北朝南朝梁钱塘县令，因捕寇有功，升任杭州太守。后助萧衍打天下，被梁武帝封为助国大将军，后加授工部尚书。任职至老，衣锦还乡。大同五年（539），与弟耿汝进游历新安山水，到仁里地域，以其地山环水抱、风光旖旎，迁居至此，并取名为“仁里”，沿用至今。卒葬仁里古宅罗油磅（又名螃蟹出泥处）。生二子。耿源进为新安郡梁安（绩溪）耿氏始迁祖，鱼川耿氏后裔家中保存有其容像及御赐龙虎图。

程药（生卒年不详） 又名旭，字东升，原为歙县篁墩人，程灵洗十八世孙。成年后，经人荐举任金乡县尹。一届期满后没有续任。为仁里叙伦堂始迁祖。定居仁里后，他常行善事，闲暇时以文会友，谈诗论文。在他的影响下，仁里文明风气大开。宋苏辙任绩溪知县时，盛赞程药文德，认为仁里的文风之盛与程药的言传身教、家风传承密不可分，曾为他作传。

程惟玩（生卒年不详） 程药之孙。后唐清泰年间（934—936），任西台御使、吏部侍郎。回仁里后，在登源河畔建南窗书舍。他修了程氏世谱，是仁里程氏修谱第一人，留下了大量的珍贵史料。

程宏祖、程瞻祖、程辛祖 世忠祠始迁祖，于南宋咸淳年间（1265—1274）从歙西槐塘迁到仁里。

程宏祖（生卒年不详），行名千八，官至宋沿江制置司干办，转淮东制置司总干。为上门世禄堂始祖，族人称之为“总干千八公”。后诰赠中宪大夫、汉阳府知府、上骑都尉，追封新安郡伯、广平郡君。

程瞻祖（生卒年不详），行名廿五，官至宋提刑司干办公事，为下门敬爱堂始祖，族人称“提干廿五公”。

程辛祖（生卒年不详），行名六三，官至宋饶州同知。该支后迁居县南门，谱系附于下门敬爱堂谱。族里修祠、祭祖活动，南门程氏仍回仁里参与。

程璲（1346—1415） 又名寿，字克明，号翚阳。仁里人。成年后，任两浙都转运司丞主治。在任时，他整顿吏治，解百姓疾苦，明辨是非曲直，从不阿谀奉承。年老辞官回到家乡后，在仁里创建翚阳书院。

程通（？—1402） 字彦亨，号贞白。仁里人。明洪武十八年（1385）入太学。二十三年，应顺天乡试第一名。二十六年，中进士，授辽府纪善。燕王起兵，程通上书提出防御之策，擢为左长史。燕王即位后，程通随辽王迁徙荆州。因曾上书提出防御燕王而被告发，被捕解至京，死于狱中，两子被处死，家属被流放边疆。所著百余卷尽毁。永乐末，辽王命人画程通像，并录世谱，亲制赞词，交与程通弟带回家乡。明万历年间（1573—1620）诏褒“靖难”死节诸臣，建程通祠于新安卫前、绩溪县城南。程通遗著有《贞白遗稿》10卷、《显忠录》2卷，载入《明史》和收入《四库全书总目》。

程溥（1435—1508） 字佐时，又名道常，号慕斋，晚号归乐翁。仁里人。明成化年间（1465—1487）应顺天乡试，中举人，成化十四年中进士，任浙江新昌县知县。他建学宫，修养济院。辞官后，当地百姓为他立去思碑。他回到仁里后，率族建世忠祠，重建世禄堂，修槐塘、石池，立宗会。著有《程氏宗谱》《程氏志略》《绩溪志书》《经会要文稿》若干卷。

程辂（1486—1557） 字邦载，号东崖，别号石泉。仁里人。明正德十六年（1521）中进士，官至兵部给事中。上奏朝廷革去兵科6条弊端，并查办渎职武官。后因上疏弹劾武定侯郭勋、张寅被削职。数年后，宰相许瓒台等保荐其复官，程辂谢绝。还乡归里后，他创诗社，建石泉书院、怀林书屋，倡建宗祠（叙伦堂），修族谱、祖墓。

原立于村中街的“皇门公”牌坊，即为程辂而立。他去世后，人们还为他塑像，存放于石照寺内。著有《石泉稿》《应言集》《程氏世谱》及若干诗篇等。

程箕（生卒年不详） 又名兆梅，字斗南。程溥次子。仁里人。明嘉靖年间（1522—1566）以贡生选为当阳训导，后升福安教谕。倭寇入境，县令向程箕咨询守御之计，程箕自请防守西城，感召福安百姓，奋起卫城。终因寡不敌众而与随员22人被俘，被俘后拒绝投降而慷慨就义。

耿社旺（生卒年不详） 又名肇殷，字庚佰，明末秀才。仁里人。明末，县内各乡组建团练以自卫，仁里推耿社旺为团练头目。时清军入境，耿社旺率团练参与丛山关之战。战败，耿社旺率族人迁往鱼龙川。专攻堪舆学。配汪氏，合葬仁里古宅罗油磅（登源河对岸）。继配汪氏，葬鱼川程家老屋门口。

程士伊（1644—1710） 字又莘。仁里人。经商起家，家境稍富裕后，散钱财周济穷人。每遇灾年，他都主动出粮救灾，烧毁穷人的借券数百张，远近称之为义士。时任邑侯送他“淳风范俗”匾额。配冯氏，继胡氏，时人称“十家太太”。

程孝先（1725—1785） 字移忠。仁里人。创办柳庄精舍，请老师教子侄。他为人慷慨好义，刚直不阿。村中每遇洪水，淹坏田庐，程孝先率先捐款，改筑桃花坝之土沙坝为石坝。他还发起集资重建世忠祠，种植朝山树木，并制定民约，培养树木，使之成林。村边桥梁、道路，他都积极主动带头修治。

程途远（1737—1784） 字玉章，行名灿光，号平山。仁里人。在仁里创建涵清书屋和屏山文社。著有《说经随录》《平山遗稿》。

程松堂（？—1925） 仁里巨商。热心家乡公益事业，倡新学。1902年，他与程序东等人共同出资创办思诚两等小学堂，嗣后又遵母嘱，另创端本女子小学。他曾与程序东开办和阳金矿，又向芜湖明远电灯公司投股数千元，后折股还债。

程树勋（1867—1939） 字竹书，仁里人。曾任村内经馆讲习。村人程东屏幼年随其研习经书。清廷废科举，兴学校，他被思诚两等小学堂聘为国文教员。1913 年，官立明伦堂两等小学堂更名为绩溪县立第一高等小学校，程树勋曾在 1918~1926 年担任校长。1918 年 11 月，省立第二师范学校举行五周年庆典，程树勋与县教育界同仁组团前往参观。会上，程树勋一行提出成立全徽教育协进社的建议，得到与会者的赞同。11 月 22 日，全徽教育协进社在休宁万安成立。1930 年前后，程树勋被请回仁里，担任思诚小学校长，兼教国文，1934 年，以年老恳辞。程树勋医术精湛，授课之余，常为里人治病，从不收取诊费；外出行医从不用轿马，生活极为俭朴。晚年曾作《自挽辞》。其著作毁于兵燹和"文化大革命"，仅存《程世禄堂世系谱序》木刻手迹。

程序东（1873—1926） 名宗球，又名哲痴。仁里人。他承继祖业后，苦心经营，积极创业。不但一举垄断南通金融业和商业，还在家乡绩溪创建"恒丰典"，开绩溪历史上金融业之先河。民国初年，开办和阳金矿，后因采掘技术落后、交通闭塞、矿砂价贱而倒闭。

程序东热心社会公益。如：每年冬季，必制棉衣数十套，救济近邻或流浪的贫困者。家中常备数十种中成药施赠贫病者。一次去上海，慈善团体请求他捐助棺木，程序东承诺捐一千具。返回仁里后，遭南通店业萧条、倒闭之变，为不食前言，他卖掉绩溪祝山坞田产以支付捐棺款。

程序东眼界开阔，思想开放。他主持家政从不循规蹈矩，主张女子不结辫子、不裹足，鼓励子孙外出求知。

光绪二十九年（1903），程序东与人合作捐资创办了徽州最早的新式学堂——思诚两等小学堂。

程铁华（1877—？） 以字行，名敷锴，出生于商人家庭。仁里人。幼时就学于程氏经馆，后入南通师范，精于舆地之学。光绪三十年（1904）年初，被聘为仁里思诚两等小学堂地理、体操教员并兼庶务。由此而始，与胡晋接共同创办绩溪近代小学教育与徽州中等教育。1913 年春，他随胡晋接先后赴歙县、屯溪、万安共同创省立第五师范学校（后更名为省立第二师范学校，今休宁中学），任舍监兼地理教员和工程部主任。1913—1927 年，程铁华与胡晋接共同编制了《中华民国分省地图集》，由其绘图，在日本印刷，由亚东图书馆发行。他还是完整绘制黄山地图第一人。1926 年冬至 1927 年春，程铁华与该校庶务主任胡正修、文牍周赞贤、膳食部主任程秉彝、文书程登瀛、农林部主任胡正清等人，合力护校，使赣军刘宝趣部四次驻扎该校造成的损失累计不足 300 元，受到省政府的表彰。

周家培

周家培（1883—1951） 号厚山，别号天存。忠周村人，出身于官宦之家。父沛昌，号吉甫，历任金陵五品粮台，善画兰。周家培为清末秀才，曾任淑培小学校长，省立第二师范学校教员兼校医。他研习医学，深受舅舅胡在邦（龙川祖传中医第十二代）熏陶，后经杭州市医学研究会考核合格，成为会员。返乡后，他在仁里广福堂设立诊所。周家培研习书画，得其父真传，曾在沪杭举办书画展。 其子周斯铎、周斯中、周斯松的书法、字画蜚声桑梓。

程宗鲁

程宗鲁（1891—1952） 字平生，号东屏，别号遯盦、钝莽。仁里人。8 岁丧父，从小由祖父程韵兰抚养、课读，并习练书法。后入程树勋主教的经馆研读经书。13 岁中秀才，废科举后，入东山官立学堂附设的师范讲习所学习。1913 年，胡晋接执掌省立第二师范学校后，他被聘为附小高等班教员。1922 年，转任本部第七班舍监兼国文教员，继任训育主任、教育主任。程树勋任思诚学校校长期间，程宗鲁就任国文教员。嗣后在家中“退省斋”内攻读古文、诗词等。抗战期间曾担任皖中、徽中国文教员，前后共 13 年。以学识丰富、教学认真深受徽州各界仰慕。程宗鲁擅长书法，楷、隶、行、草俱佳，省内外求书者很多，被誉为“绩溪第一支笔”。“绩溪县人民胜利台”几个大字，就是他晚年手迹。他还自学中医，救治乡里。他以“世守克俭克勤祖训，常为半耕半读人家”为准绳，生活俭朴，为人所书润资常献于村中慈善公益事业。

1930 年，思诚学校经费困难时，程宗鲁以其书法赢得众多乐助者，募得捐款近万元。新中国成立后，程宗鲁参加县医联会，以其行医所得自食其力。他在任省立第二师范学校训育主任和教育主任期间，撰有多篇文章，发表在校刊《黄山钟》。遗作有《仁里八景》等诗 41 首，载入《思诚百年》一书。

程乐亭（1892—1912） 又名干丰，程松堂之子。仁里人。思诚学堂首届毕业生。毕业后去金陵求学，后转上海复旦公学读书。他因亲戚许怡荪的关系而与胡适成为好友。胡适赴美留学前夕，他经父同意后，慷慨相赠银圆 200 元，解决了胡适的燃眉之急。

程乐亭早逝，胡适得知后作诗以示哀悼，并为之作小传。

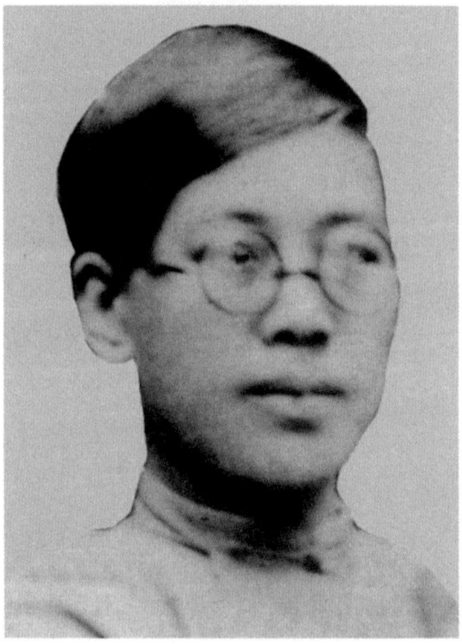

章笑如

章笑如（1895—1969） 女，绩溪县城秦家巷人，成年后嫁到仁里。早年就读于上海爱国女校，回县后，在县城女校任教，协助其母汪瑞英（女校校长）采用新课教学，并继续动员女子入学，使学校学生日益增多。女校规模扩大后，县城女校改名为县直女子高级小学，开徽州女子教育之先河。

青年时的章笑如，思想进步，热衷于新事物。1927 年 2 月，北伐军进驻绩溪，县成立妇女解放协会，她被推选为会长，并兼任青年部部长，积极投身于妇女解放事业。她以协会名义通电县内外，散发《解除妇女身上的封建枷锁，恢复妇女的人格地位》的宣言，号召全县妇女联合起来，与恶势力宣战，争取自身解放。同时，宣传和发动妇女，提倡天足，剪去发髻。她是全县第一个天足者，又是第一个剪发者，一时间放足、剪发之风遍及城乡。在她推动下，县署公布了维护女权的七条规定：“在法律上、政治上、经济上、教育上及社会上，妇女与男子有同等权利；禁止强迫婚姻；禁止缠足，鼓励天足；禁止娼妓；禁止溺女婴；禁止蓄婢；设立成年女子补习学校。”

1930 年，章笑如辞去女校教员职务，与丈夫程卓山回仁里定居。其间，她继续关心妇女工作。

章笑如崇向革命，关心进步人士，曾帮助中共党员程扶信躲避县警署缉查。

在新中国成立初的扫盲运动中，章笑如与丈夫程卓山响应政府号召，积极参加村中创办民校的工作，两人都充当教员，开设语文、算术、农业知识等课程。章笑如还负责民校的日常工作，为了筹集经费，减少学员负担，她带动学员采桑养蚕，将自家楼上腾出当作蚕室。历时 10 年，仁里村基本上扫除了文盲，受到县多次表扬和奖励。

程卓山（1896—1975） 又名宗立、士豫、宝如，号末秋生。仁里人。出身书香门第，童年就读于仁里思诚两等小学堂。他克服自幼一条腿残疾的困难，学习倍加刻苦，自强不息。17 岁从思诚学堂毕业后，先在思诚学堂任教，23 岁被聘为县立女子学校国文教员，与另两位教员章笑如、余昌之一起采用新法教学。

程卓山

在五四运动的影响下，青年时期的程卓山顺应新潮流，思想进步，倾向革命，由黄梦飞介绍，加入了国共合作时期的国民党。1927 年 2 月，北伐军戴岳、肖劲光部到绩溪，建立了国民党县党部（左派），程卓山被选为县党部执行委员。在北伐军的领导下，他主持成立了农民协会、妇女协会等组织，并发动民众，反对贪官污吏，公审肆意虐民的警佐。程卓山积极支持妻子章笑如担任妇女解放协会会长，开展妇女解放运动。

1927 年“四一二”政变后，省党部派员到绩溪清党，县党部被迫解散，程卓山仍在县城女校任职。此时，芜湖市党部被解散，委员杨士斌（中共党员）、朱子帆（民盟盟员）潜到绩溪，无处立足，程卓山以他俩是布商为掩护，将他们安顿在女校，照顾其生活，直至二人安全离开绩溪。从此，程卓山、章笑如与改组后的国民党脱离了关系，之后二人辞去女校教职，同回仁里定居。

程卓山为人热忱，关心乡亲，支持公益事业。早年思诚校舍拥挤，程卓山将紧邻学校的一处房屋捐给学校，作为厨房和饭厅。1936 年，他把家中珍藏的局版《二十四史》、殿版《渊鉴类函》捐赠给县民教馆，获省政府第五号奖状。在村中，他经常为他人撰写书信和文书契约，来者不拒，不厌其烦，深得乡人好评。

新中国成立后，程卓山同妻子响应政府扫盲号召，夜间持灯拄杖前往民校授课，历时十年，从不间断，受到学员们的爱戴和上级多次表扬。

1958 年，程卓山应副县长葛剑寒之约，为新编县志撰稿。

程翼堂（1898—1961） 又名干荣，仁里人。其父程静光为思诚两等小学堂创始人之一。程翼堂幼年就读于思诚两等小学堂，毕业后考入安徽省立第二师范学校，后又考入上海同济大学深造。后因其父去世而辍学，返仁里操持家业，并任思诚小学教师兼代

程翼堂

理校务。其时，学校经费十分拮据，程翼堂于 1930 年同程东屏前往上海、杭州、宣城、郎溪、广德一带募集资金，为学校募得 9000 余元。1934 年，程翼堂被正式聘为思诚小学校长。1942 年，程翼堂辞去校长职务。但他仍然热心桑梓，牵头办理修筑桃花坝、改建仁里东井等公益事业。他经营的“广福堂”药店，以诚信、戒欺取信于百姓，救急济穷有口皆碑。程翼堂思想进步，紧跟时代，抗战期间，与村中中共地下组织“仁里特别支部”程扶信、程扶玲、胡广范等交往密切，后又与新四军多有联系。新中国成立后，他被吸纳入农会，并任村调解委员。土改中，他曾组织农会会员、知识分子演出《血泪仇》，以唤起农民的阶级意识。

程仰垓（1900—1986） 又名干埏。仁里人。幼年时，就读于思诚两等小学堂，毕业后考入省立第二师范学校，后入浙江省之江大学专攻数理，1925 年毕业。

程仰垓在学生时代就接受了民主革命思想。1927 年 2 月 28 日，北伐军第二军第六师从歙县和深渡进入绩溪，绩溪民主革命运动蓬勃兴起。程仰垓及其父程希濂带领登源一带群众，向北伐军政治部控告肆意虐民的警佐罪行，程仰垓也因此崭露头角。

新中国成立前，程仰垓先后在安徽省立第二师范学校、省立徽州师范学校、上海中国公学、建国中学和浙江省台州师范学校任教。新中国成立初，在杭州重辉商业专科学校、浙江省立之江大学任讲师、副教授。1951 年，前往河南新乡，协助创办平原师范学院（今河南师范大学前身），并任数学系副教授 30 余年。1985 年 11 月，荣获中国数学学会颁发的从事数学研究与教育工作 50 年荣誉证书。

程仰垓写有偏微分方程、数论、经济数学等方面的论文，对中医、拓扑学、经济学、古典文学、诗词等也有研究。

程宗潮（1901—1976） 又名砚含。仁里人。童年就读于仁里思诚小学校。1914 年考入安徽省立第二师范学校，1919 年毕业。在校期间，他十分关心家乡的教育事业，曾在校刊发表文章《绩溪县设施职业补习教育之计划》。毕业后，在省立第二师范学校附属小学任教师一年。1920 年，考入南京高等师范学堂教育系（后改名为东南大学），师从著名教育家陶行知以及廖世承。1924 年，从东南大学第一届本科毕业后，留校任助教、讲师。

1927 年，程宗潮被聘为安徽省教育厅督学，主要负责检查、督察皖南地区中、小学办学情况。他积极奔走于皖南各县，参与各县普及小学教育和兴办中等教育的工作，并和胡家健等人创办六安县中学。当时陶行知在南京创办晓庄试验乡村师范，并推行“小先生”制，开展普及教育运动，程宗潮积极响应，并编写《平民千字课》4 册，对安徽省的国民基础教育起了推动、促进作用，为安徽省教育界早期具有影响的人物。

1931 年，程宗潮任南京教育局中教科科长、主任督学。他积极参与南京市中、小学的兴建和师资队伍的建设，并在中、小学教师中首次推广汉语拼音教学，亲自举办汉语拼音教学培训班。

抗日战争全面爆发后，程宗潮于 1938 年应廖世承的邀请，赴湖南师范学院任教育系副教授、教授兼注册处主任。

抗战胜利后，程守潮返回南京，先后任南京市教育局主任督学、市立师范学校校长、中央大学教授兼注册处主任。在此期间，他和上海教育界人士朱有献等人在上海发起创办《读书月刊》，呼吁政府重视国民基础教育。他还积极参与营救当时因参加中共隐蔽战线工作而被捕的学生。

新中国成立后，程宗潮在南京市安徽中学（后改名为南京市第六中学）担任高中历史课教学工作，任历史教研组组长。1954 年，当选为南京市第一届人民代表大会代表，后又担任民盟六中支部主任委员，1964 年退休。1970 年，举家迁回家乡仁里村。在家乡，他积极从事历史专著写作，完成《论汉武帝罢黜百家独尊儒术——兼论秦汉的封建教育》一书书稿，约 20 万字。著有特刊稿《世界教育史》（“文化大革命”中自毁）。

程潜岩（1904—1958） 行名程干衍，号绿波。仁里人。年轻时就读于上海正风文学院。

程潜岩一生致力于家乡的教育事业，早年在思诚小学、绩溪城内私立淑培小学、绩溪上庄毓英小学任教。抗日战争爆发后，他仍潜心教育，腾出家中的厅堂和书房办起战时学校，对学生进行抗日教育。1941 年，荆州筹建初中，有教师 5 人，程潜岩被聘为分校主任。1943 年，绩溪私立中正职业学校迁至大石门，程潜岩被聘为该校事务主任，实为学校实际负责人。该校的创办对绩溪职业教育起到一定的推动作用。1947 年夏，经友人介绍，程潜岩赴台湾，在基隆水产学校任国文教师，后因思乡心切，于 1948 年夏返回，后在绩溪县立初级中学供职。1958 年辞世。

程颖之（1904—1985）行名宗敏，字颖斋，后改为颖之，以字行。仁里人。1923年6月，从安徽省立第二师范毕业，进入南京金陵大学，专攻数理，毕业后，在省立徽州师范、徽州中学任教师，为民国时期徽州名师。新中国成立后，任安徽教育学院教师，1969年退休，曾任安徽省政协第二届、第三届、第四届委员。70年代回到仁里，义务指导村小学"戴帽子"办初中班。

程宗志（生卒年不详）乳名灶贵。仁里人。徽派砖雕工匠。清朝末年出生于农家。少时牧牛，后师从老砖雕艺人学徒，擅长雕刻（砖、石），会墙画。登源一带大型建筑的砖雕皆出自其手。

1915年，瀛洲章氏宗祠重建，程宗志担当砖雕、石雕的重任。五凤楼外墙两端下部镶嵌的青石板上，雕有麒麟、凤凰、鹿、鹤、燕、喜鹊、鸳鸯、梅花、兰花、葵花、荷花等图案，构图典雅，惟妙惟肖，栩栩如生。在用木架起吊石柱时，程宗志为救徒弟受伤，回家养病。其间，在家开了一间雕刻作坊，仍坚持带徒弟，培养后人。后由于内脏受伤严重转成肺痨，久治不愈，中年病逝（约40岁）。

程宗志的砖雕作品有一幅《平湖秋月》门楼图很受人们称赞。他大胆创新，一改戏曲人物、神话传说、花鸟虫鱼的传统题材，把"西湖十八景"搬上门楼，湖光山色跃然砖上，画面静谧生动。

周学剑（1913—1996）行名周斯铎，号啸天，别号竹荪。忠周村人。"九一八"事变后，投笔从戎。从陆军指挥参谋大学毕业后，历任国民革命军排、连、营长，代团长，参谋长，少将主任，国防部将官处长及人事行政学校校长等职务。1949年秋，随军去台湾。1967年退役，国民党授少将军衔。后任台北市绩溪同乡会名誉理事长。

程宗志砖雕作品《平湖秋月》

周学剑勤工书画，撰写诗词。1986 年春，他书五首七绝《虎年抒怀》，在《人民政协报》等上发表，表达游子的思乡之情。

自 1989 年 3 月起，周学剑三度回乡探亲，慷慨捐款，为忠周村建造木桥 1 座、灌溉设施 1 套，引水灌溉农田 80 余亩。周学剑在忠周村设立周门奖学金，奖励周姓子弟奋发向学。

尹明珠（1915—2015） 女，浙江桐乡人，曾就读于浙江女子蚕桑学校，后嫁给绩溪仁里徽商之子程毅芳。

尹明珠

她 40 岁丧夫，68 岁丧子。面对人生磨难，她凭着文化修养和“忍”字，以勤学俭朴治家，信奉行善积德。中共十一届三中全会后，她热心公益事业，村里修缮祠堂、道路，她多次踊跃捐款。2008 年，汶川大地震，她带头捐款。2006 年，仁里创建旅游景区，尹明珠家“忍先堂”成为游人喜爱的一个景点，凡是到仁里的游人必去忍先堂，感受“忍”文化。尹明珠成了仁里村的一张特殊名片。旅游公司多次要给她报酬，都被她婉言谢绝。人们称赞她是仁里第二个“十家太太。”2013 年，仁里村被住房城乡建设部评为中国传统古村落。2014 年，以“明珠”命名的“万人众筹 · 重建最美古村落”活动在网上发布，取得很大成效。

2015 年，尹明珠逝世。

程达人（1918—1995） 行名敷通。祖籍仁里，出生于如皋白蒲镇。1930 年，高小毕业后，在父亲的指导下自学中学课程及医学书籍。1939 年，考入上海（日本）厚生医学专科学校。1942 年，他以毕业考试第一名的成绩被保送免费赴日留学，并破例让其母随行（其父已于年前病故），但考虑到母亲对异国生活难以适应，遂未成行，后被安排在国立中央大学医学院任解剖学助教，兼任南京鼓楼医院第一外科住院医师。1944 年，他回上海（日本）厚生医学专科学校任附属医院住院医师，同年 8 月，被南通江北中央病院聘为外科医师，其间，得到外科主任栗本胜之进及铃木甲司博士的指导，为其之后在外科领域的发展打下了良好基础。1946 年，江北中央病院改称南通县立医院，程达人任外科主任。嗣后，医院先后更名为苏北医学院附属医院、南通医学院附属医院。程达人继任外科主任，并任学院外科学讲师。此后的几十年里，程达人历任医师、外科主任医师、副教授、教授，南通医学院附属医院副院长、院长、名誉院长，中华医学会南通分会理事、副理事长，中华医学会江苏省分会理事、骨科学会副组长。1955 年，加入中国共产党。

程达人谙日语，擅长骨科。作为南通医学院附属医院骨科创办人，他善于熟练地操作人工关节置换、椎体置换、带血管腓骨移植、隐性脊柱裂马尾神经分离等高难度手术。1955 年，他独创的“手术治疗先天性脊柱隐性裂引起的尿失禁”成果获卫生部科技成果二等奖。1977 年，他成功地完成了肾移植，并攻克了脑外伤手术的禁区。在国内多种知名医学期刊及专科年会汇编发表论著 20 余篇，其中 10 篇分获国家、省、市多种奖项。

程达人连续十多次被评为省、市劳动模范及优秀工作者。1955 年，他出席全国第七次工人代表大会，受到毛泽东等中央领导的接见，并参加“五一”天安门观礼。1960 年，出席全国文教群英会。他曾任南通市第七届、八届人民代表大会常务委员会委员。在党内，他多次被授予“优秀共产党员”称号。

汪俊赓（1922—2014） 汪俊赓从小在仁里长大。1939 年肄业于安徽省徽州中学，到绩溪县城西山章氏小学任教。1942 年，到浙江云和、丽水、温州工作。抗战胜利后，返回家乡，在省立绩溪高级农业职业学校（简称“徽农”，校址孔灵）任职。新中国成立后，“徽农”与绩溪中学合并，他被调入绩溪中学，任总务处事务员。一年后，任班主任兼语文教师。1958 年，县创办临溪农校，他被调入该校。1961 年，农校停办，汪俊赓回到绩溪中学，继续担任语文教师，为教学骨干。其间，参加合肥师范学院中文系函授并毕业。“文化大革命”期间，他参与仁里村办初中班创建工作，后学校布局调整，初中班撤销，学生并入绩溪中学。1973 年，他第三次回到绩溪中学任教。1979 年 8 月病退。退休后至 1986 年，仍被瀛洲初中、县教师进修学校请去代课。

汪俊赓

在汪俊赓 40 多年的教学生涯中，陶行知、胡晋接、程本海给了他重要影响。

2001 年，为弘扬绩溪优良教育传统，近 80 岁的汪俊赓与几位绩溪中学老教师一起，发起创办胡稼民研究会（简称稼研会）。他主动提出不担任领导职务，只任理事。之后，每年他都要担任几期《会刊》的责任编辑兼末校，直至 90 岁止。他还不间断地为《会刊》撰稿，10 年间发表文稿 70 余篇，40 余万字。这些文章既有对个人教育生涯的回顾，又有对教育先贤的悼念，也有对教育现状的时评，不少文章发表在全国及省、市有关报刊上。稼研会成立之初，他广泛搜集资料，与人合作编写《胡稼民先生年谱》《胡晋接先生年谱》，为开展胡稼民、胡晋接研究做了基础性工作。10 年间，稼研会编辑出版资料性书籍 8 册，汪俊赓担任了其中 6 册、150 万字的编审。2007 年 3 月，稼研会组织部分理事去休宁参观鲁班木工学校和德胜平民学校，他深有感触，回来后即写了《让亿万陶子来办有效的教育吧——参观休宁县德胜两校所想到》一文，先发表在会刊上，后发表在中国陶行知研究会《爱满天下》杂志上。同年 8 月，中国陶行知研究会农村教育专业委员会、《中国农村教育》编辑部在黄山召开全国平民教育与农村人力资源开发专题研讨会，该文被当作研讨会学习与交流材料分发与会者。

除参加稼研会的活动外，汪俊赓还积极挖掘收集整理仁里的史料，并与人合作汇编成册。他还参与编写《思诚百年》《绩溪程东屏先生书法选》，主编《绩溪·千年仁里》，著有《萤光集》《九十年仁里缘》。

2013 年，汪俊赓被宣城市宣传部、市文明办评为“宣城好人”。

程扶锌（1928—2016） 又名楚茹，王子野之弟。仁里人。从思诚两等小学堂毕业后，到孔灵省立绩溪高级农业职业学校就读。毕业后，去上海深造。旅台后，致力译介世界一流作家作品。译著有《生命的智慧》《愚人船》《林肯的智慧》《谈文说艺》等十余种。其他作品有小说《种山棚的人》，长篇哲学格言《傻人傻话》和《象外微言》。其中《象外微言》共有 200 多首，部分收录进《绩溪·千年仁里》一书中。

2003 年，受聘主编《绩溪程东屏书法选》一书。

程本钊（1929—2012） 又名程正明。仁里人。少年时就读于思诚小学，后因家庭经济困难辍学。1941 年，随大哥程本祥去浙江孝丰谋生，先在孝丰瑞元堂药店当学徒，后参加国民革命军，当了一名卫生兵。他发愤学习，自学开明书店出版的函授讲义中的数学、语文等课程；在医疗业务上虚心钻研。1996 年，程本钊还到“台中中国医药学院”中医班进修两年，取得“中西医结合专科医师”职称。2003 年，屏东县医师公会授予其“行医五十年资深医师”称号。程本钊除精通中西医业务外，还写出了不少有价值的文章。

程本钊人在台湾，仍十分关心家乡建设和教育事业。1989年，他首次回大陆探亲。返台后，利用业余时间写了《山城绩溪建设刍议》一文，寄给绩溪对台办公室。1997年，他又写了《建设新皖南，迎接新世纪》一文，从皖南的地形、资源等各方面详细分析皖南地区面临的挑战与机遇，并从水利建设、交通建设、文教建设等方面提出建议。绩溪妇幼保健所建大楼，他以兄长的名义捐助1万元。仁里建希望小学时，他也捐了1万元。

程本钊

名人与仁里

苏辙颂仁里 北宋元丰八年（1085）三月，苏辙知绩溪县事，十月离任。除了处理日常公务外，苏辙深受当地人文历史的吸引。仁里深厚的文化底蕴引起了苏辙极大的兴趣。他游石照寺，谒新兴院，并留下著名诗篇《石照二首》《辞灵惠庙归过新兴院书其屋壁》等。他对仁里"仁爱"的文明风气大加赞赏，认为这与始祖程药良好的家风传承有很大关系，于是收集了大量关于程药及其家族的史料，并为程药作传。

沈复作《浪游记快》赞仁里花朝会 沈复（1763—1822后），字三白，号梅逸，江苏长洲（今苏州）人，清代文学家。他一生没有参加过科举考试，曾以卖画维持生计，19岁入幕，此后40余年流转于全国各地，著有自传体作品《浮生六记》6卷。他在25

沈复

《浮生六记》书影

岁时曾习幕绩溪县署，游历仁里，亲见举办花朝会的盛况，并将所见所闻写成文章，收入《浮生六记》之《浪游记快》中，成为脍炙人口的杰作，使仁里花朝会美名天下扬。

附:《浪游记快》(节选)

余年二十有五，应徽州绩溪克明府之招，由武林下江山船，过富春山，登子陵钓台。台在山腰，一峰突起，离水十余丈。岂汉时之水竟与峰齐耶？月夜泊界口，有巡检署。山高月小，水落石出，此景宛然。黄山仅见其脚，惜未一瞻面目。

绩溪城处于万山之中，弹丸小邑，民情淳朴。近城有石镜山，由山弯中曲折一里许，悬岩急湍，湿翠欲滴。渐高，至山腰，有一方石亭，四面皆陡壁。亭左右削如屏，青色，光润可鉴人形。俗传能照前生。黄巢至此，照为猿猴形，纵火焚之，故不复现。离城十里，有火云洞天，石纹盘结，凹凸巉岩，如黄鹤山樵笔意，而杂乱无章，洞石皆青绛色，傍有一庵甚幽静。盐商程虚谷曾招游设宴于此。席中有肉馒头，小沙弥眈眈旁视，授以四枚。临行以番银二枚为酬。山僧不识，推不受。告以一枚可易青钱七百余文。僧以近无易处，仍不受。乃攒凑青蚨六百文付之，始欣然作谢。他日余邀同人携榼再往。老僧嘱曰："曩者小徒不知食何物而腹泻，今勿再与。"可知藜藿之腹不受肉味，良可叹也。余谓同人曰："作和尚者必居此等僻地，终身不见不闻，或可修真养静。若吾乡之虎丘山，终日目所见者，妖童艳妓；耳所听者，弦索笙歌；鼻所闻者，佳肴美酒；安得身如枯木，心如死灰哉！"

又去城十里，名曰仁里。有花果会，十二年一举，每举各出盆花为赛。余在绩溪，适逢其会，欣然欲往。苦无轿马，乃教以断木为杠，缚椅为轿，雇人肩之而去。同游者惟同事许策廷，见者无不讶笑。至其地，有庙，不知供何神。

庙前旷处高搭戏台，画梁方柱，极其巍焕。近视则纸扎彩画，抹以油漆者。锣声忽至，四人抬对烛，大如断柱；八人抬一猪，大若牯牛，盖公养十二年始宰以献神。策廷笑曰："猪固寿长，神亦齿利；我若为神，乌能享此。"余曰："亦足见其愚诚也。"入庙，殿廊轩院，所设花果盆玩，并不剪枝拗节，尽以苍老古怪为佳，大半皆黄山松。既而开场演剧，人如潮涌而至，余与策廷遂避去。

未两载，余与同事不合，拂衣归里。余自绩溪之游，见热闹场中卑鄙之状，不堪入目，因易儒为贾。

徐世昌

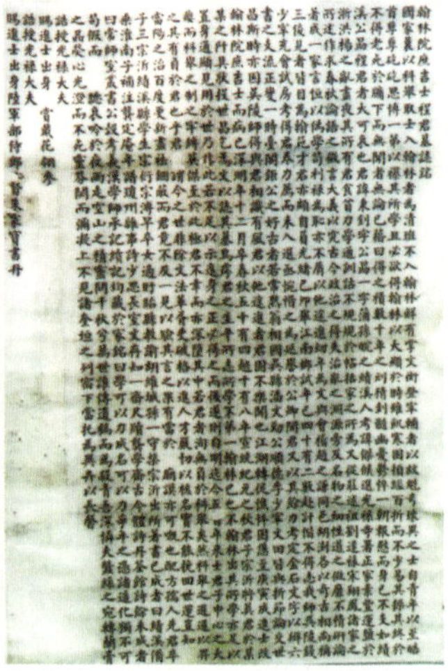
徐世昌撰写的《程秉钊墓志铭》

徐世昌撰程秉钊墓志铭 徐世昌曾任民国大总统。程秉钊入翰林院时，徐世昌也在翰林院任编修，两人成了同事。程秉钊去世后，其子请徐世昌为其撰写墓志铭，他欣然同意。在墓志铭中，徐世昌以深情的笔墨，高度肯定了程秉钊的才华。对他在科考场中屡试不第的遭遇给予了深切的同情，认为正是科举制度导致了程秉钊之类的人才久久不能为国家所用，指出废除科举，不拘一格选拔人才是中华崛起的当务之急。

蔡元培

蔡元培为程秉钊遗集作序 程秉钊去世时，有不少遗稿没有成书。40年后，他的儿子程宗沂将遗稿编纂成集，并请蔡元培作序。蔡元培早年即与程秉钊相识，对程秉钊的生平特别是他的学术研究比较了解和欣赏。在《程蒲孙（秉钊）先生遗集序》中，蔡元培指出，程秉钊“生数岁有奇禀”“稍长，即知钻研朴学”。蔡元培还指出，程秉钊的另一个成就是对龚自珍思想卓有见地的研究。程秉钊与赵之谦、谭仲修、戴子高等人的友情也为蔡元培所熟知，并写进了序里。

胡晋接与思诚学堂 胡晋接为绩溪县城人，出身于书香门第，是清代“礼学三胡”① 后代。清光绪十八年（1892），在城内白石鼓汪氏家塾任教。后废科举，兴学校，他矢志教育。光绪三十年至宣统三年（1911），他被聘为仁里思诚两等小学堂堂长8年。胡

① 清代“礼学三胡”：指清乾嘉时期绩溪县的三位学者，即胡匡衷、胡秉虔、胡培翚。

晋接提出“信实、敬爱、整洁、秩序、节俭、公德心、责任心”的修身教育准则，制订学生守则，促进学生德、智、体、美、劳全面发展。思诚小学堂的创办并取得成功，有力地推动了清末民国初绩溪乃至徽州小学教育的发展，也为胡晋接于1913年筹办安徽省立第五师范学校积累了经验，培养了办学骨干力量。

胡晋接

仁里人资助胡适赴美留学 胡适的家乡上庄与仁里同属绩溪，距离40千米。胡适幼时先在上庄读私塾，后到仁里思诚学堂读书一学期。

程乐亭是思诚学堂第一届毕业生，其父程松堂是思诚学堂的创办人之一。因胡适与其表兄弟许怡荪是至交好友，遂与程乐亭相识并成为好友。1910年，19岁的胡适获得庚子赔款赴美留学的第二批学员资格，但家庭经济相当困难。程乐亭得知胡适的困境，在征得父亲同意后慷慨解囊，资助他200元银圆。程石堂也是思诚学堂的创办人之一。据胡适日记记载，1910年3—6月，胡适曾数次拜访程石堂。程石堂得知胡适即将赴美留学，其家庭困顿，慨以百金相借。胡适曾感慨地说：“我能够留学美国，全靠程乐亭等三人。”8月，胡适登上海轮，顺利赴美留学。

胡适

后来胡适得知程乐亭父亲去世，敬献挽联一副：“泛爱于人，无私于己，说甚么破产毁家，浑身是债；蔼然如春，温其如玉，看今日感恩颂德，有口皆碑。松堂先生不朽，胡适敬挽。”并敬献奠仪400元银圆。此挽联仍保存在程氏后人家中。

程开甲与仁里的情缘 程开甲祖籍仁里，1918年出生于江苏省吴江市盛泽镇。程开甲是中国核武器研究的开创者之一，在核武器的研制和试验中做出突出贡献。他开创、规划、领导了抗辐射加固技术新领域研究，是中国定向能高功率微波研究新领域的开创者之一。出版了中国第一本固体物理学专著，提出了普遍的热力学内耗理论，导出了狄拉克方程，提出并发展了超导电双带理论和凝聚态 TFDC 电子理论。1985 年，获国家科技进步奖特等奖；1999 年，被国家授予“两弹一星”功勋奖章；2013 年，获国家最高科技技术奖；2017 年，被中央军委授予“八一勋章”。

程开甲祖辈早年从徽州到苏州府一带经商，其出生时祖父已去世，幼年时父亲去世，故不知家乡在徽州何处。2016 年，已近百岁高龄的老人，写下“我是徽州人”的字幅，并表达了寻根问祖的愿望。寻根委托人周国松在徽州各县及江苏吴江盛泽镇搜寻有关资料后最终到了绩溪县，《仁里村志》主编耿培炳及众编委协助周国松工作，查阅《程氏宗谱》，并发动群众搜寻实物、文字资料证据，最终形成了一条有力的证据链，为程开甲所认可，从而实现其多年寻找家乡的夙愿。程开甲欣然为《仁里村志》题词“弘扬徽州文化，创造绩溪辉煌”。

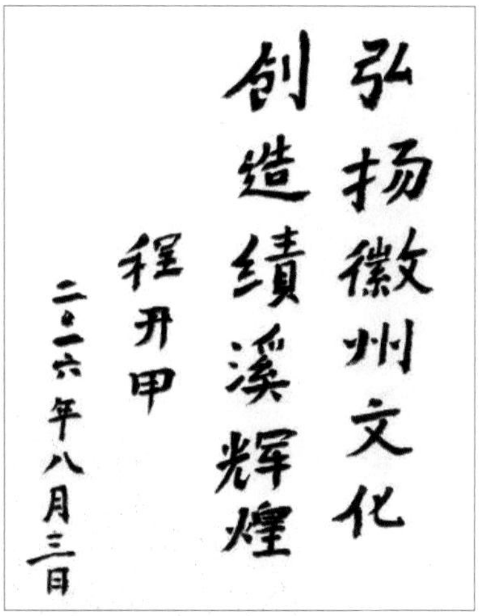

程开甲题词

王子野故居

大事纪略

仁里于539年建村，随着时代的变迁，村中发生了一些重大事件，对村民生产和生活产生重要影响。新中国成立后，农业体制发生根本性变化，确立了村集体经济基础。改革开放后，村民由贫穷快速迈入小康社会。

◉ 清军、太平军在仁里展开拉锯战

清咸丰三年（1853），洪秀全建太平天国，定都南京，称天王。绩溪县设团练公局，仁里村招募乡勇组成乡团，抵御太平军。咸丰十年年初，太平军攻克泾县、旌德，直逼绩溪。曾国藩率领湘军镇守祁门、黟县，与太平军展开了拉锯战。咸丰十年八月，太平军李世贤部、赖文鸿部十万兵进攻县北丛山关，军至扬溪时遭清军张运兰部阻击，遂迂回楼下、大石门，转而进驻仁里。数月后，又转战县城。太平军兵如棋布，遍地设卡，建立具有乡村政权性质的公局，设乡官，张贴安民告示，广招贤士和农民入伍，政令严厉。清兵则穷追不舍，到处阻击。拉锯战导致仁里村民房被毁、村民死伤。村中黄门第巷内，明朝皇帝赐封兵科给事中程辂的“荣恩”牌坊以及官厅和村中最大祠堂世忠祠被烧毁。拉锯战持续至次年五月结束，达 8 个月之久。村中部分古民居内仍存留刀砍斧劈的痕迹。

◉ 民国时期重修叙伦堂和《程里程叙伦堂世谱》

仁里（程里）叙伦堂派族人，于1936年冬，召开派丁代表会议，决定重修族谱。修谱与修祠同时并举。

会议推选族人程敬忠为主编，程怀森、程怀钿、程本海、程本法、程树清等协修，程敬儒、程怀忠为总务，程怀钊、程源仁为经济，程怀钿为稽核，程怀春、程怀权、程本丰、程本良、程本有为事务，组成修祠修谱工作组。

1937年春，修祠与修谱同时开展。修祠工作于半年内顺利完成。

谱牒的编修比修祠要困难得多。编纂人员克服了经验不足、经费问题、日本侵华战争的影响以及收集史料等重重困难，经反复考证，最终详其渊源，续其世系，于1939年完成谱牒。

《程里程叙伦堂世谱》共6册，12卷，设置了辰、翰、图、影、考、略、传、录等体例。《程里程叙伦堂世谱》的编纂为绩溪正史留下了大量珍贵的史料补充。

《程里程叙伦堂世谱》也有一定遗憾。仁里村有大量的村民外出经商，时逢抗日战争时期，全国许多重镇相继沦陷，致使无法收集叙伦堂派迁徙外地的支派信息。再者，叙伦堂派在明万历年间（1573—1620）程敷典之后的300年里未修过谱，导致这段时期的史料缺乏。

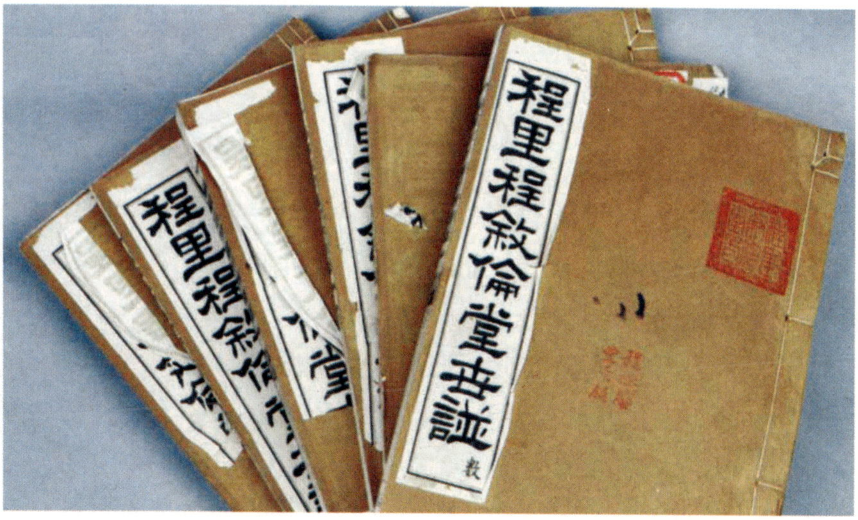

仁里《程里程叙伦堂世谱》书影

民国时期国民革命军 67 师、108 师进驻仁里

1938 年，国民革命军 67 师进驻仁里。1940 年 9 月，国民革命军第 32 集团军副司令长官上官云相率 108 师数千人驻绩溪，司令部分设县城和仁里两处，仁里处驻军分驻仁里、南观、牛屋山等地。

此时的仁里村，南沙坝一带有军事训练大教场，西门古槐树下是军人公园，军人招待所设在下祠堂，登源乡公所及乡自卫队队部设在上祠堂，军人医院设在光启堂，战区司令部设在九思巷，战区情报电讯处设在程宗潮家。日俘审讯看守所设在洋楼，内关有 7 名日军俘虏，由苏南战场押解至仁里。村外的雨伞树下、蛇袋头山顶设有防空哨，龟山脚下挖了防空洞，下祠堂门口装有防空警报。

同年 11 月，国民革命军转移至宁国。

2002 年思诚学堂百年校庆

2002 年，思诚学堂建校一百周年，学校和村两委决定联合举办思诚学堂百年校庆活动。校庆活动内容有：接受社会各界的助学捐资；举办大型纪念大会，邀请绩溪县委、县政府，宣城市教委，思诚学堂校友和社会各界相关人士参加大会；编辑《思诚百年》一书。

思诚学堂百年校庆纪念大会（2002 年）

《思诚百年》由汪俊赓、程秀卿、张希锦、程幼珠、章竹筒、程干忠等人发起，由仁里村旅外人士程扶败任主编，汪俊赓为副主编。安徽省陶行知研究会副会长、省教育厅原副厅长王世杰为《思诚百年》题词。活动获得了县胡稼民教育思想研究会的大力支持，编辑们将 1903 年以来与思诚学堂创办、发展变迁有关的文章和照片进行了收集整理，邀请多名思诚学堂（学校）的校友撰写回忆录，收集多名校友的诗词作品，并为部分师生作了传略。《思诚百年》一书在校庆活动前如期完成。

12 月 18 日，校庆活动举行。参会人数有 300 多人。庆典上，市儿童艺术活动中心向 4 名“春蕾”女童献上助学款 2000 元。

庆典活动共收到捐款 42000 元，学校用这笔款项支付了校园修缮工程款和庆典活动的开支。

校庆活动当天，编委会向各位来宾赠送了《思诚百年》一书。

校庆期间，《光明日报》《宣城日报》《黄山日报》等媒体刊出纪念文章；经县教委批准，仁里希望小学更名为仁里思诚希望小学。

2007 年编纂《绩溪 · 千年仁里》

2007 年 2 月 28 日，《绩溪 · 千年仁里》编委会成立，汪俊赓为主编，统览全书，并负责撰写风俗、人物、艺文等篇；耿培炳主要负责撰写概述和景观、史志等篇，并协助其他篇目的审稿；章恒全负责摄影、图片编排；程干展负责资料收集和财务；程加明负责宣传和外勤。

编写《绩溪 · 千年仁里》的消息在网上发布后，同乡纷纷传信鼓励、捐款，成书过程中，收到捐款 12 万多元。远在美国的访问学者、江苏省社会科学院研究员程干远捐款表示支持；旅台乡贤程敷堂往来海峡两岸间，牵线搭桥；程扶中、程扶镎兄弟寄送大量稿件；安徽农学院教授程扶玖称赞编辑此书是一个很有意义的举动；旅居昆明的建筑工程师程本炎在病中为此书撰稿；寓居上海的梧川人汪笙友，幼年常往来于两村之间，他撰写多篇回忆文章，并捐款赞助编写工作；旅居歙县三阳坑的程秉钊后裔程国桢，提供了大量有关程秉钊的资料，成为此书的一大亮点。

2007 年 12 月 6 日，《绩溪 · 千年仁里》首发式在仁里修缮一新的世忠祠隆重举行。

“万人众筹·重建最美古村落”新闻发布会　　　　许跃光　摄

◉ 2014 年万人众筹重建最美古村落

2014 年 7 月 21 日，由淘宝网和仁里村两委主办、安徽亮景文化旅游开发有限公司承办的“万人众筹·重建最美古村落”项目在淘宝网上线。项目由仁里村中的百岁老人尹明珠担任亲善大使，她端坐在椅子上，介绍了仁里村 118 座古民居的现状和项目的情况，呼吁网民伸出援手，让这些有着深厚的文化积淀、极具史学意义和美学观赏价值的古民居群能够得到修缮保护。

网民们被尹明珠老人的真情所打动，在很短的时间就筹集到资金 44 万元。资金到位后，村里对首批 18 座古民居进行修缮。修缮完毕后，将修缮前后的照片一同发布到网上，并根据事前的承诺，一一反馈给捐赠者。

◉ 2014 年中央电视台《记住乡愁》摄制组进村拍摄

2014 年 12 月 14 日，中央电视台《记住乡愁》摄制组进村拍摄，节目组重点选取了老年协会会长程树农家、农家乐程红霞家、百岁老人尹明珠家、助人为乐的程源峰、程翼堂后人程小宇家及残疾人汪斐堡事迹，还及时抓拍了仁里一家新居落成庆典的全过程。通过发生在仁里村日常生活的点滴小事，反映传统美德在仁里村的延续及其焕发出

央视百集大型纪录片《记住乡愁》摄制组在仁里采风

的新时代正能量。《记住乡愁》仁里专题片拍摄历时 12 天 。

《记住乡愁》百集大型纪录片，仁里村是安徽 3 个成功入选的古村落之一。

2016 年中国名村志文化工程启动会暨业务培训会在仁里召开

2016 年 10 月 31 日，中国名村志文化工程启动会暨业务培训会在绩溪县仁里上河远洲大酒店召开。会议的内容是《中国名村志文化工程实施方案（征求意见稿）》征求意见；部署名村志文化工程下一阶段工作；对名村志文化工程联络员和志书编纂人员等近 200 人进行业务培训。中共中央候补委员、中国社会科学院副院长、中国地方志指导小组常务副组长李培林出席并讲话，安徽省副省长谢广祥，中国地方志指导小组秘书长，中国地方志指导小组党组书记、主任冀祥德，安徽省政府副秘书长吴行，中国地方志指导小组办公室副主任邱新立，安徽省地方志办公室主任朱文根，宣城市副市长黄敏出席并致辞，绩溪县人民政府县长黄德全等出席会议。会议由冀祥德主持。

李培林以《实施中国名村志文化工程，让地方志成果进入寻常百姓家》为题作重要讲话。他指出，中国名村志文化工程是客观记录全面建成小康社会进程的重要载体；是在新型城镇化进程中抢救村落文化的重要举措；是深入贯彻落实《规划纲要》的必然要求；是促进地方志事业发展的重要支点。启动中国名村志文化工程，是全国地方志工作配合国家重大发展战略的积极举措，适得其时，要充分认识实施中国名村志文化工程的重要意义，充分把握中国名村志文化工程的基本要求，处理好全面推进和重点发展的关系、处理好名村志编纂继承和创新的关系、处理好选择对象普及性和典型性的关系、处理好质量和效益的关系。

谢广祥指出，安徽现存古村落群众多。中国名村志文化工程在绩溪仁里召开，既是对安徽省地方志工作的检验和推动，也为安徽省地方志工作的发展提供了良好的学习交流机会。

会议期间，与会的200多名代表纷纷走进仁里村，感受这个有着“里仁为美”、有数百年徽商传奇、有深厚文化积淀的徽州千年古村落的迷人风采。

中国名村志文化工程启动会暨业务培训会现场（2016年） 许雄伟 摄

附录

古徽州均聚族而居，仁里程氏宗族是其中的典型之一。为了维系宗族社会治理，上下两宗祠均制定了各自的宗规、祖训，形成了耕读传家和商儒兼容的家风、家教。各祠还制定了各自的排行，以明世系，长幼有序，慎终追远，寻根问祖。

◉ 宗规　家训[①]

上祠堂宗规

1. 为子者，必以孝顺奉亲。为父者，必以慈祥教子。为兄弟者，必以友爱笃手足之情。为夫妇者，必以恭敬尽宾对之礼。毋徇私乖义，毋逸游荒事。毋违法犯宪，毋信妇言以间和气。毋学烟赌以废光阴，毋耽酒色以乱德性。凡此数端，各宜深警。

2. 家之盛衰，系乎积善恶而已。何谓善？恤寡怜贫，周急救灾，凡济人利物之事，皆是矣。何谓恶？巧施奸伪，舞弄是非，凡反道败德之事，皆是也。爱子孙者，慎勿遗之以恶。

3. 家之和与不和，皆系妇人之贤否。其贤者，奉舅姑以孝顺，事夫主以恭敬，待妯娌以温和，抚子侄以慈爱，御奴婢以宽恕，如此之类也。其不贤者，狼戾妒忌，恃强欺弱，争长竞短，以是为非，败坏家政，如此之类也。福善祸淫，天道昭彰，为妇人必当鉴此。

---

① 引自《绩溪程里程叙伦堂世谱》《绩溪仁里程敬爱堂世系谱》。

4. 冠婚丧祭之礼，无论家之有无，素朴为上，勿习世俗浮华，有违家礼。

5. 按礼文之丧亲，朝夕奠哀，哭泣送殡，若以佛法为超度，或鼓乐超荐，皆须屏绝。

6. 宗祠之设，所以敦本睦族也，每岁正旦团拜，集少长叙尊卑也。春秋祭祀，悉遵家礼，追远致敬也。

7. 诸处墓塚，年远平塌浅露者，当奉洁土以培之。无碑石者，当即刻勒以铭之。被人侵占者，当清理以复之，切勿置之度外。

8. 兄弟伯叔同气之亲，分产析业，务在公平，毋徇偏颇，以起争纷，族人尚因财产争竞，从贤良正直者调处，毋得健讼，有伤大义。

9. 族中诸父昆弟相称，各以其字，同辈以上者，必曰某字兄。同辈以下者，必曰某字弟。伯叔命侄曰某侄，侄称伯叔曰某伯父、某叔父，辈长者，称某公，毋称我尔。

10. 茔田之产，崇标祀也。各支子孙，轮流岁收。每届清明之时，预备祭物，集各房少长，诣坟拜扫，岁以为常，勿以渐远废礼。

上祠堂庭训

孝　亲者，与天地同德，念罔极之深恩，愧此生之难报，人俱含齿戴发，不如反哺跪乳之禽兽，可乎！然孝非奉养之谓也，凡为子者，当敬身如执玉，尽心竭力，得亲顺亲，乃可谓孝矣。如曰奉养为孝，彼啜菽饮水承欢养志者，顾反不得为孝乎！

悌　事亲之外，厥惟敬长，诚以长者，皆吾诸父诸兄也，实高曾一本所同出，父母一体所由分，虽其间有亲疏隆杀之殊，而总不可无爱敬以相浃，是故出入晋接，慎毋以其贫而慢之，亦毋以其愚而忽之。

忠　士人贵位，孰不曰显亲扬名哉？然曰显亲，徒食其禄，如曰扬名，徒策其名。仕宦惟有惓惓之忠，芳名不朽，荣及先人，此真可为显亲扬名矣。然所谓忠者，又岂仅捐躯殉国而已耶！凡分猷宣力，靖献不遑，恪恭厥职，不二不欺，无论崇卑内外，总皆公而忘私，国而忘家，如诸葛武侯所云：鞠躬尽瘁，死而后已。此乃所谓纯忠。

信　饬纪敦伦，友亦人伦之一也。所谓友者，非徒酒肉殷勤而已，贵在有中孚之实焉。试观古人，一诺千金，片言九鼎，偶然相订，久要不忘。若元伯之与巨卿，虽千里如觐面也。今之交友者，口是心违，朝翻暮覆，挟投赠之虚文，掩猜嫌之隐念，彼正大光明者，愿如此其暧昧乎！宣圣有言：人而无信，如树无皮，为子弟者，其勖之！

礼　人之处世，大而有纲常名教，小而有日用细微，吾惟于大者凛遵名分而不逾，小者恪守成宪而不越，防淫节性，别嫌明微，恭敬为礼之本，谦让为礼之实，尊卑上下，秩然不紊，吉凶宾嘉，有典有则，视听言动，蹈矩循规，则身修而家亦于是齐矣。

义 易云："义以方外。"书云："义以制事。"义之于人重矣！盖所谓义者，乃天地间正大之理。以之决死生，则临难无惧；以之衡取予，则见利不贪。轻财重义，则伦理无伤；疏财仗义，则贫寒戴德。公义所在，勿以私恩而徇情；大义所存，勿以怨仇而戾众。权为义之断，中为义之准，古来好义之君子，孰不精义以行义也哉。

廉 君子爱财，取之有道，非一无取也，盖取所可取也。是故，一物之投，必辨所从来，无处而馈，宜却而弗受。得所当得，虽千驷不为贪；取非其有，虽一介亦为盗。宁廉洁留清介之名，毋苟得贻贪污之诮。畏四知于暮夜，期清白以传家，庶知行克矜无累大德。

耻 孟子曰："人不可以无耻。"又曰："耻之于人大矣。"夫耻者，所谓羞恶之心，人皆有之者也。存而不失，则进于圣贤；丧而不顾，则入于禽兽。人知此理，便当顾名思义，端品洁身，励志操修，出言顾行，不以衣食之恶为耻，而以道德不若人为耻。生平心事，可对人言，斯乃可谓信仰无愧，衾影无惭者矣。

上祠堂家范

敦孝友 书称君陈孝于亲，友于兄弟，以为一家之政。夫子称之曰："是亦为政。"盖国家初无二理，今日之所以教家，即他日之所以教国。此虽先世之遗训，而为子弟者，宜世守而勿失。敢有故违不遵者，家长先责之以理，抗而不服者，闻诸公庭，依律发落。

睦宗族 宗族本一家至亲，不甚疏远。故范文正公置义田以睦宗族，而张公艺九世同居。二公之高谊，固不能学，亦须仰其遗风，凡事以逊让为是，不必因小忿致伤大义，保守身之道，正在慎之于始。

恤孤寡 惨莫惨于孤寡。仁人君子，无不动心，况我同支同本之人。恫瘝一体，休戚相关，尤宜加意轸恤，格外推仁，务使各得其所而后已，从是而推之，亲戚友朋，奴婢乞丐之类，无不以是心推之，则仁不可胜用矣。

劝生业 天下之事，莫不以勤而兴，以怠而废。周公大圣人也，而犹作无逸陈豳风以戒成王。子弟辈志在国家者，固当奋志向往，自强不息。其不能者，或于四民之事，各治一艺，鸡鸣而起，孜孜为善，必求其事之成，艺之精，然后可。

戒争讼 好争非君子之道，争之不已则必至讼，讼岂盛德事哉！讼者之辞，皆无实之辞，最足坏人心术，且至费财破家，何益之有？凡事只宜忍耐，不必好争，纵有外侮，亦宜静以制动，公道即明，自然而寝。若以非理讼人，尤为不可，故易□卦终讼，受服而犹有终朝三褫之戒。

毋倚势 从古以来，未有不因恃势而取败者，强莫如秦，富莫如晋，使其能忘强富，岂非长久之道。在有国者，尚如此，况其他乎？子弟辈苟以力以才欺人，是皆倚势者也。安知势之强于我者，不亦以势而制我？正宜此自反，虽有势而不为□所使，便是守身保家之道。

崇典礼 养生送死，先圣自有定制，可以行之万世而无弊，智者或太过，愚者或不及，皆非也。且如葬祭之类，自有文公家礼，仪节不丰不俭，乃为中道，何近世惑于邪说，略不以此为意，岂是大家体面，英俊合宜知之。凡葬祭仪式，及祭品等件，并遵朱夫子仪节，不可妄为太过，吝而不及，失其中道。

别男女 易之家人卦曰："男正位乎外，女正位乎内，男女正天地之大义也。至哉！"圣人之言，盖天下之风化始于闺门。若不先正以男女，则家风何以厚哉。

远佛老 佛老之说，最惑人心。人死岂有轮回之理？夫子谓之，知生之理，则知死之理，能尽事人之道，则能尽事鬼之道。斯言尽矣。修齐供佛，何益于事，或以为表孝子之心，则又愚之甚者。尽葬埋之礼，而衣衾棺椁之类，并从加厚，择吉地而以封以树，便是孝子之心，若以修齐供佛以为孝，则一切小人皆能为之矣。必以是而为脱离地狱，则又以父母为有罪之人矣，安得谓之孝？后有贤者，不可不知。

重家学 天下之本在国，国之本在家，家之本在身，格物致知，诚意正心，皆所以修身也，易曰："蒙以养正，圣功也。"家学之师，必择严毅方正者为师法，苟非其人，则童蒙何以养正哉。

下祠堂家训

凡治家，宜起早。桌要擦，地要扫。粗布衣，菜饭饱。孝父母，敬哥嫂。夫与妻，要和好。一家过，莫要吵。亲良朋，敬师长。睦邻里，恤贫老。世间事，耕读好。学贤圣，行正道。赌博场，莫去跑。种田地，勤锄草。沙薄地，功要好。养猪羊，莫玩鸟。学技艺，手要巧。做买卖，要公道。有良心，莫奸狡。忍耐些，省烦恼。官钱粮，早完了。出人情，亲自到。闲是非，不可晓。成家子，粪如宝。败家子，钱如草。胆要大，心要小。戒骄傲，防倾倒。钱难赚，莫费了。减色欲，增寿老。启青年，创家道。光阴快，人易老。盘心血，直到老。但为人，要学好。依我劝，福大小。读一遍，好不少。

下祠堂四同歌

同干事勿避劳苦，同饮食勿贪甘美，同行走勿择好路，同睡眠勿占床席。

◉ 排行

在宗族社会里，各姓依祠排辈，以房论序，排辈取名，脉络分明，纹丝不乱，仁里也是如此。

上祠叙伦堂排行 敷启兆维、廷鼎裕光、敬怀本源、树国上康、忠佑衍庆、善应开祥、宗傅佐治、基定循良、嘉名肇锡、继嗣永昌。

下祠世忠祠堂上门世禄堂排行 始迁祖程宏祖为一世，从第十世始为常兆振文、继宏家国、开光盛学、秉宗干敷、嘉祥建宏、图嗣永康。

下祠世忠祠堂下门敬爱堂排行 始迁祖程瞻祖为一世，从程景初（第七世）以下第八世始为大光振应、安鸣士行、廷登绍树、秉宗干敷、嘉祥建宏、图嗣永康。

◉ 主要参考文献

1.〔清〕沈复撰《浮生六记》，广陵书社，2006 年。

2.〔清〕清恺编撰 :《(嘉庆)绩溪县志》，徐子超等点校，黄山书社，2010 年。

3. 耿介总纂 :《绩溪鱼川耿氏宗谱》，1919 年。

4.《间川汪氏宗谱》，1924 年。

5. 程敬忠总纂 :《程里程叙伦堂世谱》，1939 年。

6. 耿培炳总纂 :《绩溪鱼川耿氏宗谱·续修》，2004 年。

7. 绩溪县地方志编纂委员会编 :《绩溪县志》，黄山书社，1989 年。

8. 绩溪县地方志编纂委员会编 :《绩溪县志》，方志出版社，2011 年。

9. 耿云志主编 :《胡适遗稿及秘藏书信》，黄山书社，1994 年。

◉ 跋

皖南之徽州，中外闻名，其所保存之宋以来的文化遗迹、古村民居、文书档案及其传统风习，吸引无数中外游人前来观览；以研究徽州文化为主要内容的徽学，近年已成为国内外学者瞩目的“显学”。以此之故，我们提起徽州的任何事物都会引起人们很大的兴趣。

徽州有名县——绩溪，绩溪有名村——仁里。

绩溪之有名，首在其人文荟萃。绩溪历代出进士一百余人。清代朴学鼎盛之时，有“礼学三胡”（胡匡衷、胡秉虔、胡培翚）并称于世；现代则有享誉世界的学者和思想家胡适。这里向称以耕读传家，而又儒商兼容，曾出了个极有名的大商人胡雪岩。

仁里之有名，一在其历史悠久。据《鱼川耿氏宗谱》记载，南朝梁大同年间，退职工部尚书耿源进与其弟游览新安，羡其山水风光，乃决定迁移来此，定居于仁里，距今已近 1500 年。二在其崇文重教，人才辈出。仁里在元代有翚阳书院，在明代有石泉书院、怀林书院和南岗书院，在清代有龙屏书院。明清两代，仁里村出进士 8 人、举人 6 人。清末，近代教育刚刚起步之时，仁里于 1902 年就开始筹办新式的思诚学堂，1904 年招生。此学堂竟出了十几个后来在不同领域有所贡献的专门人才，如铁路专家程士范、教育家程本海、出版家兼翻译家王子野等等。我有幸同王子野先生结识，在他晚年最后的几年里，我们有颇多的交往。他的坚志苦学的精神，他的诚恳待人的态度，给我留下极深的印象。我想，这同当年思诚学堂的教育精神是有关系的。

在世界近代历史上，一个有普遍意义的规律就是要使现代化成功，必须从搞好教育做起。19 世纪 70 年代，德国战胜法国，走上崛起之路。当时人们都说，是德国的小学教师打败了法国。中日甲午战争之后，日本用从中国掠夺的财富，大力发展教育和相关事业，十年之后，它就打败了庞然大物的俄国。美国著名作家马克·吐温说，建立一个现代的富强国家，必须做好两件事：一是办好学校，二是确立专利制度。很明显，前者是提高国民的创造力，后者是尊重和保护这种创造力。国家如此，一省，一县，一乡，也是如此。千年古村仁里，要重新焕发青春，进达富裕康乐之境，也应当从办好教育做起。要一村的少年们懂得，要改变家乡的命运，要改变自身的命运，只有努力学习，积累知识，训练能力，用自己创造性的劳动，为家乡，为自己争取美好的前程。27 年前，我应邀为《改革》杂志写一篇文章《教育是现代化的基础工程》。我至今坚持这样的看法。仁里本有崇文重教的传统，希望这种光荣传统在今日能得到充分的继承和发扬。

前面说到，仁里作为徽州古村，一向有耕读传家和儒商兼容的传统。仁里大姓程家，曾是近代著名工商城市南通的主要开发者。据说，现在也仍有许多仁里人出外谋生，开创自己的事业。有的经营实业，有的从事科研和文教事业。现代的城市和现代的乡村也和一个现代的国家一样，必定是开放的。一个不与外界沟通往来的地方，是不可能实现现代化的。

近年来，修志的工作受到普遍的重视。国家设有地方志的指导机构，各省、各市也都有修志的专门机构。《说文解字段注》引《周礼·保章氏注》云："志，古文识，识，记也。"记往事以为来事之鉴，这是我们的祖先早就具备的历史观念。所以，修志是一件富有教育意义的大事。

由耿培炳主持编纂的《中国名村志丛书·仁里村志》一书，在村志一类中堪称体大思精之选。书中保存珍贵史料，彰显先贤精神、事迹或历代相传之故事，以及介绍仁里风景名胜和地方特色等等，多有可传可颂之作。耿等诸先生以 5 月余之短时间，发凡起例，草拟纲目，搜集资料，网罗人才，将成于众人之手、经世致用之作，总量 20 余万字的文章分门别类加以妥善编排，使成一部体例严谨、内容丰赡、可读可颂之书，不知花费了他们几多心血。仁里之有全史，自此书始。此书之成，此史之可传，耿等诸先生，与有功焉。

自 20 世纪 90 年代以来，我先后 7 次到绩溪，只一次去过仁里。此番应仁里诸乡贤之命，为《中国名村志丛书·仁里村志》一书写跋，不避简陋，略抒浅见，以就正于编者和读者诸贤。

耿云志[①]

2016 年 10 月 30 日，于北京太阳宫寓所

① 耿云志，中国社会科学院学部委员。近代史研究所研究员、博士生导师，中国现代文化学会会长，胡适研究会会长。

◉ 编纂始末

2016年10月，中国地方志指导小组办公室正式启动了中国名村志文化工程。《中国名村志丛书·仁里村志》是在中国地方志指导小组办公室，省、市、县地方志办公室，县、镇党委、政府和村两委领导下编纂的，是仁里村有史以来的第一部村志。

2015年8月28日，仁里村党总支书记高建义电话邀请编者到仁里开会，传达省地方志办公室关于中国名村志文化工程的有关文件精神和《仁里村志》入选的消息。

9月1日，省方志办主任朱文根一行4人到仁里调研，要求尽快落实编纂人员，年底交稿，并对《仁里村志》寄予厚望。编者应邀参加。

9月9日，村两委领导正式委聘耿培炳为该志主编，着手制订编纂方案。

9月19日，主编经过一番调查，根据村中实际情况，向村领导提出，另聘程福如和唐延军二人为编纂人员。后来，考虑到三人均非仁里人士，为保证志书的真实性、准确性，又增加仁里老村长、老支书程干成，共同组成编纂工作班子。

9月20日，村两委召开修志动员会，村中名士程干展等十多人及部分村民组长参加了会议，村党总支书记高建义、村委会主任程文胜到场，编委会副主任洪雷主持，主编对撰稿人员进行业务培训，并就有关业务进行辅导，还对篇目进行了分工，责任到人。同时，规定每周日上午召开编志进度调度会，一直到志书成稿为止。

动员会后，承担志稿撰写任务的十多人投入资料收集与初稿撰写工作。

因为农村非比机关，经过一段时间的实践，发现收集资料进度很慢，有些资料不细、不全，更谈不上撰稿，有的甚至一再催促直到12月中旬才交稿。

后来，主编调整思路与方案，要求编纂者深入基层，进行实地田野调查，收集资料，横排门类，纵写史实，经过大家的共同努力，夜以继日，终于草成初稿。志稿根据安徽省和黄山市名镇名村志培训会及省地方志办公室的要求，结合传统志书的风格，融会贯通。编者们以满腔的热情、严谨的态度，以人文为主体，民情占首位，特别注意反映地方特色，真实记录仁里村自然风貌、人文地理、经济变革和历史轨迹。它既是一部仁里历史文脉的实录，又是仁里村民共同致富的图卷史诗。

仁里村是传统的历史文化村落，根据村情，志书贯穿“古、特、名、优”四大特色。

仁里文化是徽文化的一个缩影。要在这样短的时间里，完成村志编纂工作，其难度显而易见。我们深知凡村志点滴皆历史也！不敢怠慢。编者尽力做到内容的细节化、语言的大众化、表达的条理化，即要准确地分类表达。但限于水平和时间，其缺点和错误在所难免。

经过编纂组的不懈努力，终于在2015年12月25日形成50万字的《送审稿Ⅰ》，并于27日送省方志办审议。

2016年1月11日，在副县长宋晓丹、县档案局局长兼地方志办公室主任章汉林的主持下，召开《送审稿Ⅰ》评议会。省地方志办公室主任朱文根、巡视员刘成典、专家史五一、章慧丽，宣城市地方志办公室的领导、专家，镇、村领导参加评议。会后，编纂组根据专家、领导的意见，进行增删补缀。2016年3月2日，形成《送审稿Ⅱ》并进行配图。4月，送省地方志办公室专家审议。5月，送中国地方志指导小组办公室审议，并返回编纂组由主编和终审再行修改，形成《送审稿Ⅲ》。8月10日，送省地方志办公室再审议，并出样书送方志出版社审读。

10月10—11日，主编到北京参加中国名村志文化工程实施方案和篇目论证会，会后根据上级要求将章节体改为纲目体，重新拟定新的篇目，送中国地方志指导小组办公室审定。《中国名村志丛书・仁里村志》的编纂，在结构上服从于中国名村志文化工程统一的框架和篇幅要求，内容立足于仁里的“古、特、名、优”在全国和区域性的影响、价值、发展模式的示范意义，略去普通的、一般性的内容，根据仁里自身的特点、特色、特质，做了一些灵活性的处理。

10月31日，编纂组参加在绩溪仁里上河远洲大酒店召开的中国名村志文化工程启动会暨业务培训会。会后，编纂组再度根据会议要求进行修改，形成《送审稿Ⅳ》。

2017年3月中旬，主编应邀参加在合肥召开的安徽省入选名村志主编座谈会，省地方志办公室传达了中国地方志指导小组办公室中国名村志文化工程篇目论坛会暨编纂业务培训班精神。会后，编者对篇目内容作了调整补充，形成《送审稿Ⅴ》。

2017年6月下旬，主编根据中国地方志指导小组办公室的评审意见对志稿进行修改，形成《送审稿Ⅵ》。

在两年多的日子里，编者克服重重困难，因为每一次修改都是迎接新的挑战，历尽艰辛，不懈努力，最后进入出版程序，付梓成书。

《中国名村志丛书·仁里村志》是地方党委领导、政府主持、同心同德、上下协力的众手修志之作，是经世致用之作。

因本书中所选照片及诗词文章众多，部分作品未能在出版前及时联系到著作权人，请著作权人看到后与我们联系。

编　者

2017年11月9日